Recipe & Essay

玉村流
レシピ&
エッセイ

Tamamura style

2

まだ毎日が最後の晩餐

玉村豊男

Temjin

まだ毎日が最後の晩餐

最後の晩餐は、
いつやってくるか分からない。
最後の晩餐には、ワインが必要である。
きょうがその日かもしれないから、
私は毎日ワインを飲む。
なんちゃって。

ブドウの収穫

赤ワイン用のブドウは従来のメルローとピノ・ノワールに加えて、カベルネ・フランやカベルネ・ソーヴィニョンも採れるようになった。千曲川（ちくまがわ）を挟んでヴィラデストの対岸にある八重原（やえはら）の畑では、これまでのヴィラデストにはない味わいの赤ワインができている。

冷涼な気候を好む白ワイン用のブドウは、シャルドネ、ソーヴィニョン・ブラン、ピノ・グリ、ゲヴュルツ・トラミネールなど、さまざまな品種を育てている。ヴィラデストの白ワインは、切れ味のよい酸と透明感のある上品な味わいが特徴。

春の遅霜、初夏の雹（ひょう）、夏の台風に秋の長雨。
完熟する頃にはハチや鳥、森の動物たちにも狙われる畑のブドウ。
幾多の試練を乗り越えて無事に収穫の日を迎えるときにワイン農家が抱くのは、
よろこびというより安堵の気分。

ワインの醸造

収穫されたブドウの状態を
チェックする……と見せかけて、
絵のモデルにするのに
適当な房を選んでいる。

絵に描くブドウを3房だけ私が盗んだ後、
軽く潰されたブドウは、
皮も種もいっしょにタンクの中へ。
これから赤ワインの仕込みがはじまる。

タンクに収められたブドウは、
酵母を加えて発酵させる。
ブドウが含む糖を、
酵母の働きでアルコールと炭酸ガスに
分解するのがワインの醸造過程。
タンクの中では表面に皮が浮き上がって
固まろうとするので、金属製の櫂（かい）で
一日に何度も突き崩して掻き回す。
湧き上がる炭酸ガスで
窒息する危険もある作業が3週間ほど続く。

ワインの香りに満たされる秋の醸造所。
匂いを嗅ぐだけでワインが飲みたくなってくる。

ヤギ子

ワイナリーのほうから
なんだかいい匂いが流れてくるけど、
私が欲しいのはワインじゃなくて草なのよ。

カフェで働く人びと

1階の奥にある菓子工房で
お菓子をつくる
パティシエール。

地下にあるパン工房で
パンをつくるブーランジェール。

オープンキッチンで
料理をつくる村山シェフ。
野菜たっぷりの
カジュアルフレンチが大好評。

私は何も手伝わず、
スタッフの仕事を邪魔しながら
コーヒーを飲む。

シェフを手伝ってサラダを
グラスに盛るのも
ホールスタッフの仕事。

朝早く来てまず掃除。
予約をチェックして打ち合わせ、花を生け、
あちこちを消毒してからテーブルをセットする……
ランチタイムがはじまると、目を回すほどの忙しさ。
みんなよく働いてくれるのに感謝。

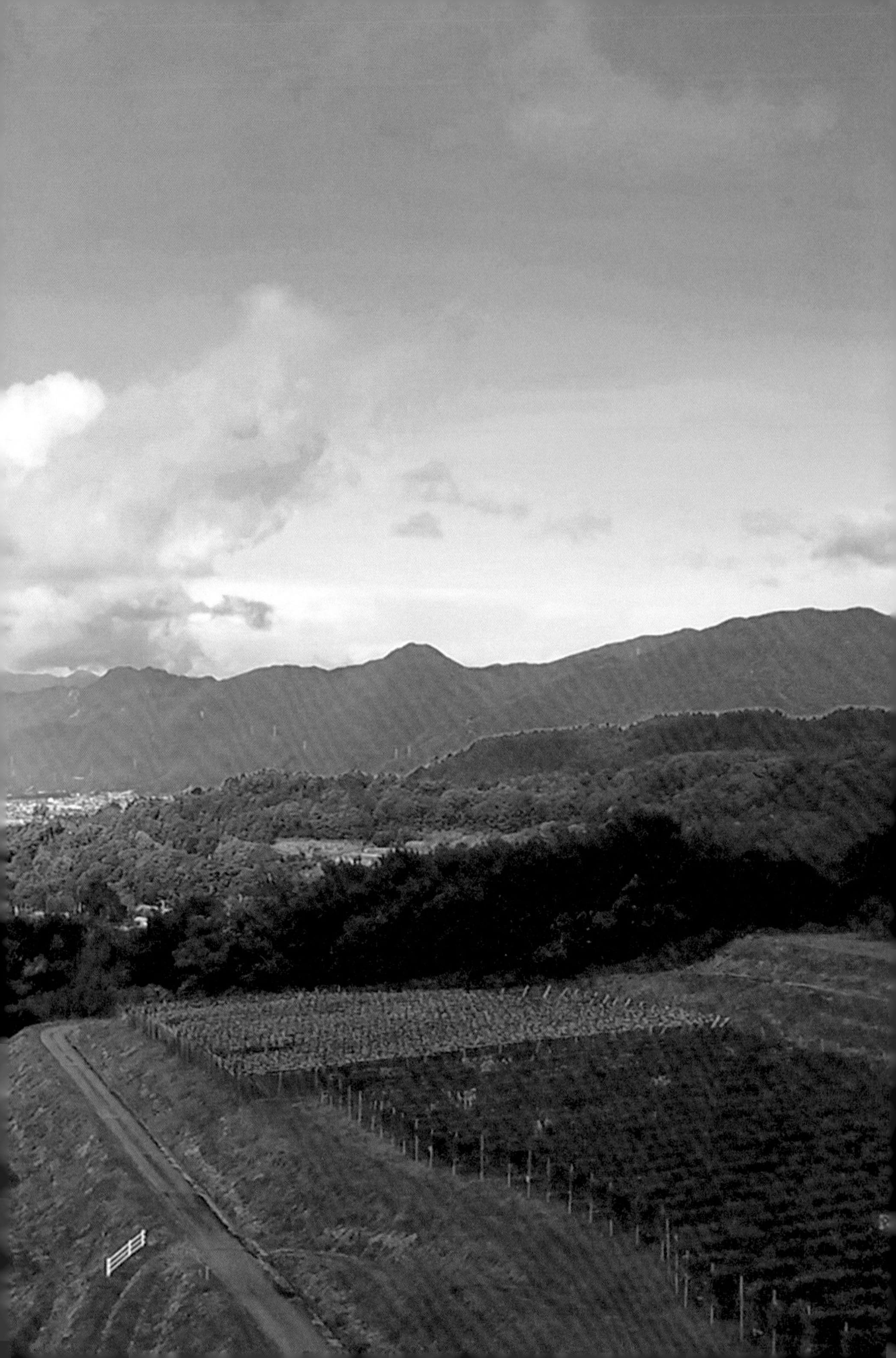

雨が上がったと思ったら、西の空に虹がかかった。
もう少しすると遠くの空も晴れてきて、
北アルプスの稜線が見えるだろう。
盆地の左（東御市）から右（上田市）の方向に、
千曲川が流れている。

秋のガーデンを彩る
サルビア・レウカンサ。
アメジストセージとか
メキシカンブッシュセージとも
呼ばれるセージ（サルビア）の一種で、
ヴィラデストでは
ワイナリーができる前から
栽培している大好きな花。

ガーデンの中央にある
パティオからは、
墨絵のように幾重にも重なる
山々の稜線の向こうに、
天気がよければ北アルプスも遠望できる。
気持ちがよいので、椅子にもたれて昼寝をする人も。

成熟したガーデン

ガーデンは専門の園芸スタッフが管理している。
この花は何という名前ですか、とお客さんからよく聞かれるが、
あまりにも種類がたくさんあるので私には分からない。
そういうときはスタッフに聞いてください。

秋に咲く花が少なかったので、
少しずつ増やしてきた。
いまはダリアやセージや
秋咲きのバラが、
初霜が降りる10月末まで
美しく咲いている。

⑥薄く伸ばしたドウを、
マシンにかけて麺にする。
太さは4種類から選べるのでお好みで。

⑦麺ができたら
バットに取り、
打ち粉をしてよくほぐす。
すぐに使わない場合は、
広げて少し
乾かしておくとよい。
このときくっついてしまうと
後で面倒。

⑧茹で上がったら、熱湯ごと一気に
流しのザルの中に空ける。

⑨湯を切ったらまた鍋に戻して、
オリーブオイルをかけまわす。
私はなんでも中華鍋で済ませてしまう。
熱湯を切るザルの下にパスタを盛る大皿を置いて
温めるのもいつもの手順だ。

⑩皿に盛った
パスタの上から、
パルミジャーノを
すりおろす。

⑪バターを溶かしてレモン汁を垂らしたり、
生クリームを煮詰めてかけるのもよいが、
手打ちパスタの美味を味わうには
粉チーズだけのシンプルな味つけがベスト。
ふむ、なかなかいい出来だ。

これが定番のイタリア製パスタマシン。
死ぬまで使えそうだ。

マシンでパスタをつくる

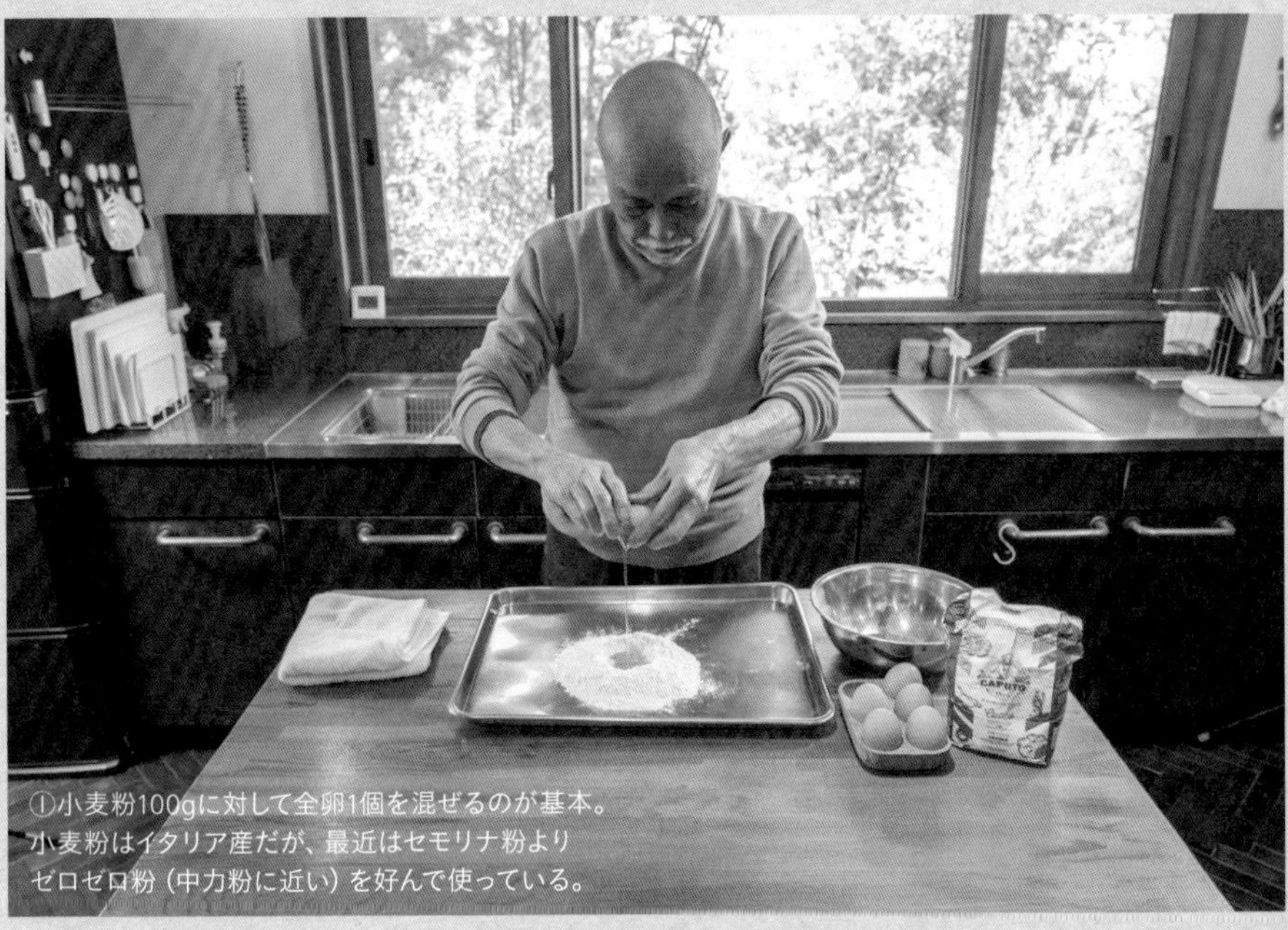

①小麦粉100gに対して全卵1個を混ぜるのが基本。
小麦粉はイタリア産だが、最近はセモリナ粉より
ゼロゼロ粉（中力粉に近い）を好んで使っている。

②手で捏（こ）ねてまとまったら
麺棒で伸ばす。

③伸ばすと倍以上の長さになるので、
適当なところで切っておく。

④マシンで伸ばして薄くすると……

⑤ほら、こんなに長くなった。

⑥グリル板は火勢が強いうちからセットして、
表面を十分に熱しておく。
グリル板を使うのは焼き目をつけるのが目的だから、
斜めに網の跡がつくように肉を並べ、
片面がしっかり焼けるまでひっくり返さない。

⑦位置を変えないようにしながら手前のほうを少し持ち上げ、焼き目がついているかどうか確認し、ついていたらひっくり返す。あとはときどきトングの先などで肉を押して、硬い弾力が感じられるようになったら焼き上がり。

⑧ステーキはカットしてから皿に盛る。
こうすれば、もし中まで十分に火が
通っていなかったらもう一度
焼き直すこともできるという生活の知恵。

⑨味醂と醤油を半々に混ぜて
煮切ったものが、
わが家定番のステーキのソース。
胡椒は使うたびにタイの石臼で
砕き潰すのもわが家のしきたりだ。

⑩パリで買ってきた自慢のステーキナイフを
添えてみました。

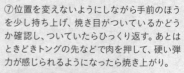

暖炉で牛肉を焼く

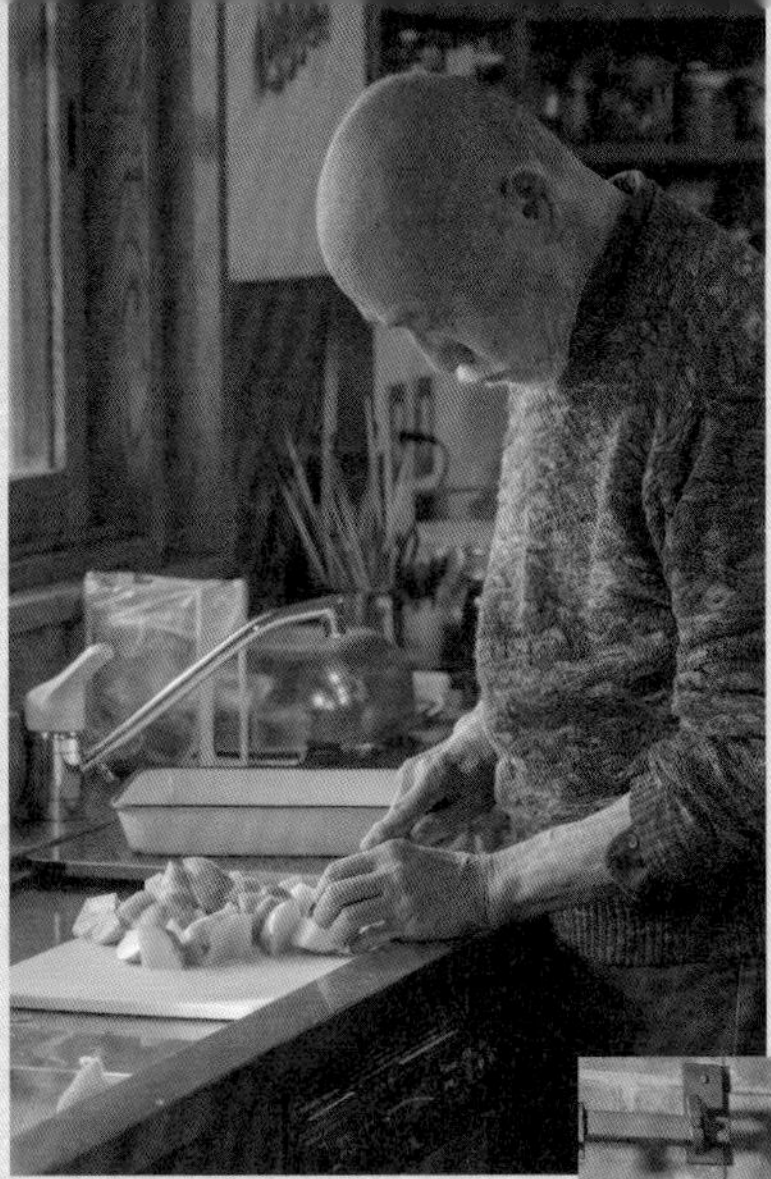

①まずはつけ添えの
ジャガイモを
切ることにしよう。

②適当な大きさに切ったらバットに入れ、塩を振り、オリーブオイルをかけまわす。炭火のほうを見ながらちょうどよいタイミングでオーブンに入れ、ときどき上下を返しながら200℃で30分も焼けば、美味しいローストポテトが出来上がる。

③暖炉ではまず紙と木片を燃やして炉の中を温め、バーベキュー用の炭を火の中に置いて着火させる。火勢が落ち着いて炭火がちょうどよい状態になるまでには少し時間がかかる。

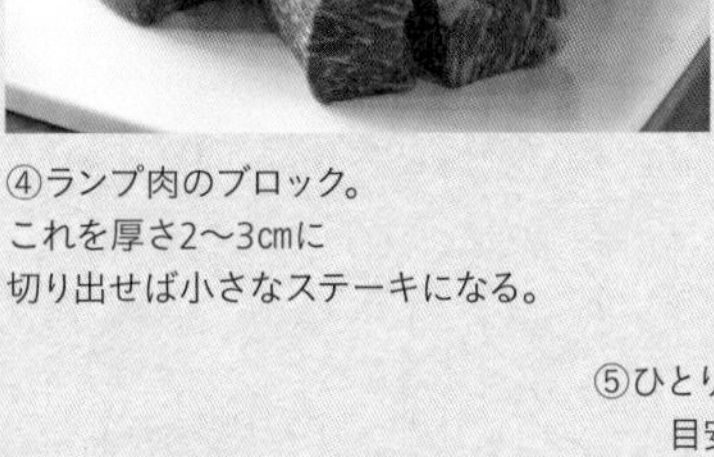

④ランプ肉のブロック。
これを厚さ2〜3㎝に
切り出せば小さなステーキになる。

⑤ひとり当たり2〜3枚を
目安に切り出したら、
バットに並べて塩を振る。

春は太陽が左（南）に沈み、落日は季節を追うごとに右（北）に移動して、
夏至を境に右端から折り返してまた左に戻る。
夕焼けの美しさは日によって違い、写真を撮ろうとして待ち構えているときは、
たいがいの場合……あまり美しくない。

まだ毎日が最後の晩餐

玉村豊男

はじめに

朝、起きたときには、間違いなく前日の夕食が最後の晩餐だった。
その日一日、生きながらえて、また夕食を食べれば、その夕食が最後の晩餐になる。
そうやって、毎日、最後の晩餐が先送りされてきた。
私と妻とその妹の、合計すると２１０歳を超える高齢者３人が、半分冗談まじりに「私たちは毎日が最後の晩餐ね」と言いながら夕食を食べはじめてから、もう2年以上になる。そんな毎日のレシピをまとめた本を出してからも、１年半が経った。こんなに先送りになると、だんだんレパートリーが足りなくなってくる。

この歳になると、もう、面倒な料理はつくりたくない。新しいメニューにチャレンジして失敗するより、長いあいだ慣れ親しんだ味わいの、確実に美味しいと思えるものだけを食べていたい。

そう考えて、50年にわたる経験から淘汰された限られた数の料理だけを、間違いなくできる簡単なレシピでつくっていこう、と決めたのだが、長生きの時代というのは困りますね。

年寄りでも定期的に同じ料理が食卓にあらわれると、さすがに表立って口には出さないものの、なんとなくつまらなそうな顔をしはじめる。

そういえば、昔よく食べたパエリャは美味しかったわね。

またベトナム料理が食べたいな。

独り言でもそんな言葉が耳に入ると、南極の料理人でなくても、ときには変化をつけないといけないいな、と感じるものだ。

そこへ、折しもコロナ禍である。外食もしなくなったし、私が仕事で出かけて留守をすることもなくなった。連日のステイホームで、時間だけはたっぷりある。ヒマだから早くから台所に下りてきて、以前のように1時間以内で料理をつくってしまうと時間が余るので、昔はよくやったが最近はつくらなくなった古いレシピを思い出しながら、台所で遊ぶようになった。

もちろん、すべてが若いときと同じように、というわけにはいかない。

2時間も休みなく台所を動き回っているとけっこう疲れるし、料理オタクだった若い頃ほどの情熱もない。だから適当に手を抜き、なるべく簡単な方法を考え出し、体力の不足を知恵で補いながら、昔のレパートリーを少しずつ復活させるようになった。

いまは、どんな食材でも簡単にネットで注文できるし、参考にしようと思えば他人のレシピをすぐ検索することもできる。珍しい調味料を探すために東京中を走り回ったり、外国へ行って高い料理本を買い込んだりする必要もなくなった。

その意味では、老人が居ながらにして料理を楽しむには最高の環境である。

この調子ではまだ当分やってきそうにない本物の最後の晩餐の日まで、若い頃より歳の分だけ進化した料理を囲んで、毎晩大笑いしながら過ごすことにしよう。

目次

ワイナリーカフェの営業をはじめてから18年。
建物も主人も古くなった。

第1章　まず貝よりはじめよ

追憶のアレンテージョ

アサリなら、スーパーへ行けばいつでも売っている。砂抜きをしたもの、してないもの、水に入っているもの、入っていないもの、など、棚にはいくつものパックが並んでいるが、どれでもよい。ハマグリは高価だが、アサリならそれほど高くないはずだ。

まず貝よりはじめよ。

いや、隗よりはじめよ、でした。隗というのは人の名前で、中国の戦国時代、賢者を求めるならまず自分のような凡人から重用するべきだ、そうすれば噂を聞いてもっと優れた人物が我も我もと集まってくるだろう、といって自分を燕(えん)の国王に売り込んだ、という話から、大事を為(な)すにはまず小事からはじめよ、という意味に用いられる成句である。だから『毎日が最後の晩餐』の続きも、まず小さなアサリのレシピからはじめようと思う。

私が料理をつくるようになったのは、フランスに留学したけれども大学の講義をさぼり、パリを拠点にヒッチハイクで貧乏旅行をはじめたときだ。ドイツのユースホステルには食堂があるが、フランスでは食堂がない代わりに台所が使えたので、食事代を節約するために自炊をはじめた。それがきっかけで料理に興味を抱き、それからは行く先々で市場を巡り、安い食堂で地元の人に交じってメシを食い、留学を終えた後は北アフリカや中東、アジア諸国にも立ち寄って、現地の食を体験しながら帰国した。

帰国後しばらくはインバウンドの通訳ガイドや海外旅行の添乗員のアルバイトで忙しかったが、そんなことをやっているうちになしくずしに大学を卒業した。そして結婚を機に実家から独立して小さなアパートに移り住んでからは、翻訳や通訳、雑誌のライターなどで糊口(ここう)をしのぎつつも、仕事が少なくてヒマだったので台所に入り浸り、旅先で覚えた料理とその味を再現しようと悪戦苦闘する毎日だった。

その頃の外国料理に関する情報はきわめて限られていた。つくりかたを教えてくれる本もなかったし、必要な調味料も見つからなかった。

だから私の外国料理は、不確かな舌の記憶だけを頼りに手に入る材料を適当にアレンジした、自己流のインチキ料理となっていった。それらのレシピの中にはその後改善したものもあるが、なんとなくうまくできてしまったのでそのまま定番のレパートリーとなり、インチキ性を維持したまま今日に至っているものもある。

「アサリと豚のアレンテージョ風」も、その当時……ということはいまから50年ほど前、小さなアパートの台所でつくるようになった一品である。

材料は、豚肉とアサリとニンニクと、あとはせいぜいタマネギくらい。これならいつでも手に入るし、白ワインは飲んでいる途中のを少しだけ注げばよい。その頃から、料理をつくるときはかならずワインを飲みながらで、貧乏だったがワインだけは欠かさず備えていた。

アレンテージョは、ポルトガル南部にある地域の名前。郷土名のついた地方料理だから、当然私がそのあたりをヒッチハイクで旅しているときに出合ったはずなのだが、どんな店で、どんなふうに対面したのかはまったく覚えていない。

あとで再現しようと思うくらい強い印象を残した料理なら、最初の出合いくらい覚えていてもよさそうなのに、記憶にないのが不思議である。でも、きっと食べたら美味しくて、滞在中何度もいろいろな店で食べたのではないかと思う。そのために最初の出合いの情景が記憶から遠くなり、レシピばかりが頭を占めるようになったのではないか。

西洋料理では、陸の材料と海の材料を同じ料理に使うことがめったにない。アジアではエビや貝柱を肉料理に使うのはごくふつうのことだが、ヨーロッパでは、そのような例はイベリア半島以外ではほとんど見られない。私はフランス国内をひと巡りした直後にスペイン、ポルトガルを旅したので、それだけこの料理が印象的だったのかもしれない。

旅先の味を再現するときは、現地でつくりかたを習うか観察するか、あるいは料理本でレシピを確認するか、だが、この料理の場合は、現地での記憶がないのだから、おそらくは後から手に入れた英語かフランス語の本を参考にしたのだろう。

料理本の多くには、まず適当な大きさに切った豚肉にみじん切りのニンニクをまぶしてから（タマネギを使う場合はタマネギのスライスといっしょに）ボウルに入れ、白ワインを注いで全体をよくまぶしてから、30分以上（冷蔵庫で一晩も可）「マリネ」する、と書いてある。

マリネ（フランス語 mariner/mariné）する、というのは、材料を漬け汁に浸して風味を移す（あるいは臭みを抜く）方法を言うが、マリネという語を直訳すれば「海に浸す、海の水に同化させる」という意味になるので、陸の豚が海のアサリと出合うために、まず海水に入って準備をする、という儀式のようにも解釈できる。が、最初はそう思って律儀にマリネしていた私も、しだいに面倒になり、水分が浸透してふにゃふにゃした肉を炒めるのが感覚的に嫌いなので、マリネの工程は省略することにした。

いまあらためてネットで検索すると、この料理にはさまざまなレシピが存在することが分かる。共通する材料は豚肉、アサリ、ニンニクの3種だけで、タマネギを使わない人もいれば、ニンジンを入れたり揚げたジャガイモを加えたりする人もいる。また、酢を加えるとか、レモンを添えて供するように、と指示するレシピもある。ということは、基本の材料3種だけを守りさえすれば、あとは自由に変えてよい、ということだろう。

私のインチキ料理にも、アレンテージョの市民権が与えられるだろうか。

アサリと豚肉のアレンテージョ風

【材料（3〜4人分）】
アサリ……400g（殻ごと）
豚肉（ロースまたは肩ロース）……300g
タマネギ……40g
ニンニク……10〜20g（好みで加減）
白ワイン……120㎖

【作り方】

❶アサリを平たいバットに入れて、貝殻の上面ひたひたくらいまで水道水を注ぎ、海水と同じ程度の辛さになる量の塩を加えてよく混ぜる。そのまま1時間ほど冷暗所に放置すると、大半のアサリが殻の間から舌（水管）を出して息をしている。うまく行かずにアサリが殻を開いてくれないときもあるが、死んでいない限り鍋に入れて火にかければ苦しくなって殻を開ける。これがいわゆる「砂抜き」とか「砂出し」とかいわれる作業だが、スーパーで売っているアサリにはそれほどたくさんの砂は入っていない。海水ごとパックに詰めたアサリも売っており、これだと砂もほとんどないし、火の通りも早いようだ。

❷豚肉はひと口大に切る。タマネギとニンニクはみじん切り。鍋にオリーブオイルを垂らし、タマネギとニンニクを入れてから火をつける。

❸油が熱くなったら豚肉を投入して炒め、火が通るか通らないかの段階でアサリを一挙に加えて、白ワインを注いでから蓋をする。火加減は一貫して強火または中強火。

❹アサリが殻を開けるまでの時間は、そのときのアサリの状態によっても違い、また個々のアサリの忍耐力によっても相当に違う。ときどき蓋を取って中を見て、状態をたしかめながら蓋を取るタイミングを計るが、いったん殻が開き出すと次々に開くから、半分くらい開いていたら蓋を取って、あとは水分を飛ばしながら大半のアサリが口を開くのを待つとよい。

❺どうしても開かないのは死んでいるのだからあきらめるしかないが、生きていても最後まで頑強に抵抗する奴もいて、そういう奴といつまでも戦っていると、早くから降参した連中の身が硬くなってしまう。その場合、ある程度のところで殻の開かない奴は死んだと見做すか、または半分くらいのアサリが殻を開けた段階で、開いたアサリと豚肉を鍋の外のボウルに取り出し、残りのアサリは殻を開けた順にそのボウルに移していく、という手もある。それで煮汁が煮詰まったら、水と白ワインを足して調節すればよい。アサリは殻を開けた瞬間はまだ生っぽいが、余熱でちょうどよく火が通る。

①バットに入れて
アサリの砂出し

②ニンニクとタマネギを入れてから
点火する

③豚肉を投入して半ば色づくまで
強火または中強火で加熱

④ここでアサリを投入する

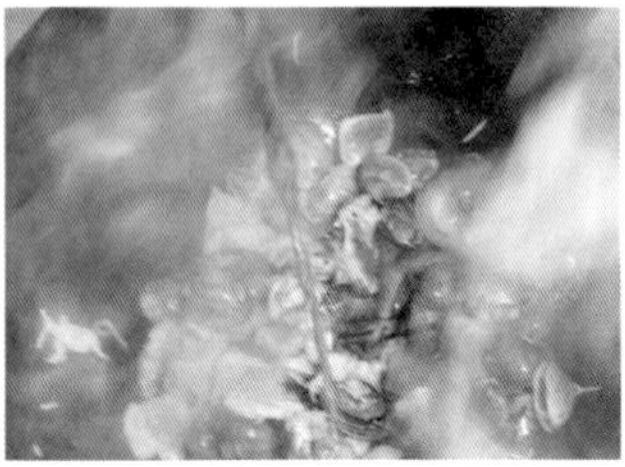

⑤白ワインを注ぐ

⑥蓋をする前はこんな感じ

⑦殻が開くようすを察知して蓋を取る

アサリと豚肉のアレンテージョ風

アサリと豚肉の料理には、爽やかな白ワインがよく似合う。
できれば料理に使ったのと同じものを。

ポルトガルに行ったときは、
かならずポルト（ポートワイン）を買ってくる。
1945年は私の生年、1951年は妻の生年。
ポルトはアルコール度数が強いので
ふつうのワインより長く保存できるが、
さすがに1945年を見つけるのは難しかった。

この原稿を書くためにイベリア半島の地図を広げていたら、アレンテージョ地方の真ん中あたりに「ベージャ Beja」という地名が見つかった。そうだ、思い出した。私はこの町のユースホステルに泊まったのだ。

ヨーロッパでは、ユースホステルはもっとも安いレベルの宿で、予約しなくても行けばたいがい泊まることができた。

私が料理を覚えたのもフランスのユースホステルだ。フランスには、レストランはないが共同のキッチンが使えるというホステルが多く、わずかな使用料を払えば自由に厨房の施設や道具が利用できた。どこにも長逗留している主（ぬし）のような泊まり客がいて、ときには手を取って料理を教えてくれたものだ。フランスを周遊するうちに、市場で食材を買ってホステルで料理をするのが旅の楽しみになっていった。

フランス以外ではキッチンが使える施設はなかったように記憶しているが、ユースホステルは値段が安いし、怪しげな商人宿よりは安全なので、ヒッチハイクをしながら今晩どこまで行けそうかおおよそ推定することができると、その場所の近くにユースホステルがないかを調べるのが習慣になった。

ヨーロッパのユースホステル協会が発行する携帯用のガイドブックがあって、それを見れば施設名がリストアップされている。路傍でクルマを待っているあいだも、それを眺めるのは格好のヒマ潰しだった。

だから、ベージャという町の名前は、以前から気になっていた。記載されているベッド数を比較してみると、この町の施設が当時ヨーロッパでもっとも小さいユースホステルだったからだ。ポルトガルへ行ったら、どうしても泊まりたいと思っていたのだった。

行ってみると、そこは農家の道具小屋のような建物で、ベッドはわずか8台。狭い部屋の四隅に2段ベッドがそれぞれひとつ置かれていて、ベッドとベッドのあいだはようやく人が通れるくらいの幅しかなかった。

その晩の同宿者はひとりだけだった。50歳を過ぎた英国人で、いまでも若い頃と同じようにときどきヒッチハイクで旅行しているという。小さなリュックひとつで飄々（ひょうひょう）と旅をするベテランのバックパッカーはいかにもカッコよく、私もいつまでもこうありたいものだとそのときは憧れたものだった。

が、軟弱な私は30代になってから一度だけ東欧をヒッチハイクしたのを最後に、その後はバスや列車で移動して事前に予約したホテルに泊まるという、どこにでもいるふつうの旅行者になってしまった。

50年ほど前の私は、フランス国境からスペインのサン・セバスチャンに入り、ポルトガルを縦断してから再びスペインのセヴィーリャに向かう途中で、ベージャに泊まったのだ。

地図を見てかすかに思い出しはしたが、アレンテージョは遠い追憶の彼方である。

スペインより美味しい

昔よくつくった料理のうち、最近やらなくなったもののひとつにパエリャがある。

パエリャというのはご存じスペインの炊き込みご飯だが、スペインでも地方によって使う材料はさまざま、つくりかたも人によってそれぞれ違う、その意味では自由度の高いレシピだが、ひとつだけ、パエリャと名乗るからには守らなければならない決まりがある。それは、パエリャ専用のパエリャ鍋でつくることだ。

平らで大きな、ごく浅い縁がついた両手鍋。これを火にかけて具とコメを炊くのだが、本来は家庭用のガス台に乗るようなサイズではない。もちろんネットで探せば直径30センチ前後の小さなものも売られているが、もともとは野外で調理して大勢で食べる料理なので、少なくとも直径60センチはある大鍋で豪気につくるほうがそれらしい。

昔はよく人を招(よ)んでパーティーを開いたので、大勢が集まるときはパエリャをメインディッシュにしたものだ。下ごしらえに手間はかかるが、当日はみんなの目の前でつくるところから絵になるので、にぎやかな宴会の主役にふさわしい。

パーティーは楽しいが、仕切るには体力が必要だ。だからしだいに大人数を集めることはしなくなり、それとともにパエリャもしだいに忘れ去られていった。

そういえば、昔よく食べたパエリャは美味しかったわね。

ある日、妻がポツンとそう言った。

そう言われたら、つくるしかないだろう。

さて、どこかにでっかいパエリャ鍋があったはずだ……パエリャをつくるために、私はまず鍋探しからはじめたが、なかなか見つからない。

でっかいパエリャ鍋を載せる専用のガス台もあったはずだが、どこにも見当たらない。

これはガスに接続する管が蛇のようにグルグルとぐろを巻いていて、管にはたくさんの小さな穴が1センチくらいの間隔で開いている、鍋と同じ直径のガス台である。管の口をプロパンガスに接続してテーブルの上に載せれば、そのままパエリャの屋台になる。

あんなもの、もうないわよ。

私が倉庫を探していると、冷たい妻の宣告があった。そうだよね、もう10年以上も前だものね。役に立たないガラクタは、捨ててしまったのか、それとも誰かにあげたのか、その記憶すらさだかでない。

思えばいろいろな調理道具を買い込んできたが、飽きて使わなくなったものはできるだけ処分した。でも、昔捨てた本が読みたくなって、また買うこともあるじゃないか。3人前くらいのパエリャならフライパンでもできないことはないが、まだしばらくは最後の晩餐が続くとすれば、新しく小さな鍋を買うのも悪くないだろう。

私のパエリャは、いつ頃からそんなふうにつくるようになったのか記憶にない。

使う材料は、アサリ、エビ、鶏肉、豚肉、グリーンピース。海のものと陸のものを合わせて使うところだけはイベリア半島の料理らしいけれども、材料はきわめて日常的、いつでもどこでも簡単に手に入るものばかりだ。そこから推察すれば、このレシピは私が都会から信州の山に引っ越してきた後に考えたのではないだろうか。東京に住んでいたときなら、もっといろいろな魚介を使ったはずだ。

もちろんいまは山でも新鮮な魚介が手に入るから、好みでなにを加えてもよい。イカの輪切りでも、小粒のホタテでも、白身魚の切り身でも、具材は多ければ多いほど派手になる。エビだって、私は殻を剝いてから使うが、彩りを考えれば、殻ごと載せて熱したほうが赤い色が目立って華やかだ。おそらくほとんどのレシピでは、殻付きのエビを使い、野菜も赤や黄のピーマン、緑のインゲンなどを加えて、見た目の美しさを演出しているはずだ。

それに較べると私のレシピは地味である。

彩りを考慮して使ったのはグリーンピースだけで、あとはすべて「よい出しが出る」という基準で具材を選んでいる。エビの殻をあらかじめ剝いておくのも、見た目より、殻を煮出せばより濃厚な出しが取れるという実質的な配慮からだ。パエリャというのは具材から出た出し汁でコメを炊き込む料理だから、これだけの材料でも、丁寧につくれば確実に美味しい一品が出来上がる。

パエリャの理想的な完成形は、炊き上がったコメ粒のひとつひとつにしっかり出しの味が染みており、しかも表面が乾くほどパリパリに焼けていて、鍋底の一部にはうっすらとお焦げができている……という状態だそうである。しかも、出しを注いだら、一度も掻き混ぜることなくそのまま焼き終えるのが望ましいという。

そんなことが、可能なのだろうか。

コメの量に対する出しの量を、事前にきっちりと計ってから注いでも、コメの質や火の強さによって出しの減りかたは微妙に違う。鍋底が焦げついてから慌てて汁を加えてもコメが生煮えのまま出来上がってしまうし、最初から汁が多過ぎたり、途中で汁を継ぎ足し過ぎたりすれば、ちょうどよい減り具合になる頃にはコメに火が通り過ぎている。

私は心配性なので、最初は少し少なめに汁を注いで、禁を破って途中で一、二度かき混ぜながら調節し、ぐずぐずではないがしっとりとした、コメ粒を噛んだときに出し汁の旨味が滲み出るような、やや軟らかめの状態に着地するのを目指している。

実際には、コメの量と出しの量のバランスに悩むより、鍋の大きさとコメの量のバランスを考えるほうが重要だ。鍋のサイズに対してコメの量が多過ぎると、必然的にコメの層が厚くなり、表面と鍋底のコメは焼けてもその中間は軟らかいままだ。コメの層が薄ければ薄いほど火の通りは均一になるし、もっとパリッと仕上げようと思えば、料理人がやるように最後はオーブンに入れればよい。もちろん、そんな大きなオーブンがあればの話だが。

いずれにせよ、スペインでも、パリッと焼けているのを好む派と、少し汁が残ってしっとりとした状態を好む派とで意見が分かれるらしいから、よほどパエリャの焼きかたにうるさいスペイン人に食べさせるのでなければ、そのあたりはあまり気にしなくてよいだろう。

ところで、数年前、妻とふたりでパリに旅行したことがある。

パリでは馴染みのビストロを巡ってフランスの日常料理を楽しむことにしているが、ときどき、ちょっと違うものが食べたくなる。そのときの旅行でも、何日目だったか、突然パエリャが食べたいと彼女が言い出したので、ネットで評判をたしかめて、美味しいと人気のスペイン料理店に行くことにした。

タコとイカの前菜に、イベリコ豚の生ハムを食べた後に、やってきたお目当てのパエリャはさすがに本格的なものだった。

が、ホテルに帰ってくると、彼女はポツリとこう言った。

昔よく食べた、うちのパエリャのほうがおいしかったわ。

そのパリ旅行の何年も前から私はパエリャをつくっていなかったし、帰ってきてからも最近までつくっていない。

はたして彼女の記憶の変容の中にあるパエリャとはどんなものか。

最近また私がつくるようになったパエリャを、「スペインより美味しい」と言ってくれるのは、長年連れ添った夫に対する優しい労（ねぎら）いの言葉だろう。

玉さん式パエリャ

玉さん式パエリャ

【材料（6人分）】
アサリ（殻を含む）……300g
エビ（有頭エビ）……10尾
豚肉（肩ロース）……150g
鶏肉（もも）……150g
コメ……240g
グリーンピース（冷凍でもよい）……適量
パプリカ……（飾りのため）適量
タマネギ……20g
ニンニク……5～10g
オリーブオイル……適量
白ワイン……適量
サフラン……少々
塩……少々

【作り方】

❶アサリは砂を吐かせてからオリーブオイルで炒め、白ワインを注いで蓋をして加熱し殻が開いたらバットに取り出しておく。鍋に残った汁はボウルに取り置く。

❷エビは頭と殻を外して身を取り出し、身は背ワタを取り除いて塩水で洗ってから軽

く熱しておく。頭と殻はオリーブオイルで赤く色が出るまで炒め、白ワインを注いでアルコールを飛ばしながらしばらく加熱する。鍋に残った汁は（❶のアサリの汁を入れたのと同じ）ボウルに取り、頭と殻は捨てる。

❸豚肉と鶏肉は小さく切り、オリーブオイルで軽く焼き色がつくまで炒め、白ワインを注いで煮立たせたらバットに取り出す。汁は❷と同じボウルに混ぜる。

❹グリーンピースは塩を入れた熱湯で茹でる（冷凍の場合は熱湯をかけて戻す）。

❺パエリャ鍋にオリーブオイルを熱し、みじん切りにしたニンニクとタマネギを軽く炒めたところへコメを洗わずに生のまま投入する。コメ粒にオイルが絡んだら、それまでボウルに貯めていた肉と魚介の出しを注ぎ入れる。

❻はじめ強火で、沸騰したら少し火を弱め、ここでサフランをパラパラと投入する。サフランの色が出はじめたら、❸の豚肉と鶏肉を全体にバランスよく置き、次いでエビ、アサリの順に並べていく。最後にグリーンピースを散らす。

❼できれば一度も掻き混ぜることなく、加熱が進むにつれて汁が減り、表面が乾く頃にコメが炊き上がって鍋底の一部にお焦げができるのが理想だが……。

玉さん式パエリャ

スペインでもレストランでは
大皿ごとオーブンに入れて仕上げるが、
パエリャはもともと野外でつくる料理。
写真映えを求めて、レシピにない
赤ピーマンも加えてしまった。

今回のレシピの材料。
エビとエビの殻、アサリ、
鶏肉と豚肉、タマネギ、ニンニク。
小皿に入っている赤いものがサフラン。
サフランは高価だが
パエリャには欠かせない。

刺身をサラダで食べる

夕食は十分な量のタンパク質と大量の野菜を摂る、和食よりどちらかというと洋食のほうが多く、魚よりも肉を食べる回数のほうが多い……と以前も書いたことがあるが、1週間で数えれば、和食が1～2回で洋食その他が5～6回、魚が2回で肉が5回、といったところか。

ただしここで言う「洋食その他」は、ナイフとフォークで食べる西洋料理だけでなく、中国をはじめとするアジア諸国を含む外国料理に類するものすべてを含み、さらには、実際にはいちばん多い、和とも洋ともつかない折衷料理までも含めている。

「和食」というのは、文字通り箸と茶碗で食べる日本のごはんのことだ。和食の回数が少な過ぎると思うかもしれないが、和洋折衷の料理を箸で食べるときも夕食では原則として茶碗に盛った白飯は食べないので、この定義から行けば和食の範疇（はんちゅう）に入らない。つまり、洋食その他のときは肉も魚も食べるのに対し、和食のときのおかずはほぼ魚に限られる、ということである。これで回数が合っただろうか。

和食のおかずでよく食べるのは、魚の味噌漬けあるいは粕漬け。うちでは「ミソザ」と称している。いただきものを含めて冷凍保存したミソザの在庫は切らさないので、肉と洋食が続いたときに合いの手として登場する。ミソザを白飯なしで食べるのは難しいから、このときは白いご飯を食べるが、味噌汁はつくらない。味噌が重なる、という理由ではなく、和食のときでも白ワインを飲みながら食べるので、それ以上の水分を必要としないからだ。

刺身は定期的に、月に何回か食べる。

山国のスーパーでも、新鮮な魚介類を売っている。

とくに週末になるとスーパーの品揃えが充実するのは、やはり海なし県では魚がご馳走だからだろう。もちろんワサビは信州産がある。

スーパーで確実に買える刺身用の魚はマグロ、タイ、サーモン、といったところ。もちろんこのほかにイカやホタテやアジなどの青魚があり、季節になればカツオやブリも登場するが、わが家で買うのはタイとマグロ。ごくたまに、鮮度のよいウニが入荷しているときは心惹かれるが、たいがいはこの2種で事足りる。サーモンは、子供や若い人は好きだが、私たちの年代は（生食できるアトランティック・サーモンを知らなかったので）刺身で食べる習慣がない。

タイは養殖と天然があるが、天然は高いので養殖にする。マグロは、メバチやキハダより高くてもやっぱり本マグロ。マグロは中トロと赤身を買い、中トロはそのまま、赤身は醤油で「づけ（漬け）」にして食べる。

昔は、マグロの「づけ」は柵のままさらし布を巻いて、熱湯をかけてから醤油に漬けろ、といわれたものだが、最近は刺身の厚さに切ってからバットに並べ、上から醤油をかけまわして10分も経てばOK、ということになっている。醤油に漬ける時間はどの程度の塩辛さを望むかによって変わってくるが、醤油の味はすぐに浸透するので、食べ残した分はいったん醤油を切ってから保存するとよい。中トロのほうは翌日の昼までに食べ切ったほうがよいが、赤身の「づけ」は冷蔵庫に入れておけば数日は楽しめる。

タイは、醤油のほかに胡麻ダレを添えて出し、最初はワサビと醤油で食べるが、途中から茶漬けにする。胡麻ダレ（胡麻のペーストに醤油と水と白だしを加える）にまぶしたタイの刺身を熱いご飯の上に載せ、上からノリを揉んでかけ、緑茶をたっぷりかけて食べる。

タイ茶漬けには、胡麻ダレではなく甘醤油（味醂と砂糖で甘さを加えた醤油）をかける地方もあり、これもまた美味しいものだ。この甘醤油は、ウニにもよく合う。熱いご飯の上にたっぷりウニを載せ、甘醤油を垂らしてノリを揉みかける、ウニどんぶり。どうしてもご飯を食べ過ぎてしまう。

魚は地元で調達するだけでなく、産地から直送してもらうこともある。

旅行したときに魚市場で見つけた鮮魚店や、知り合いの料理店の紹介で知った仲卸など、季節と種類によって各地から取り寄せることができるのは、宅配便のおかげである。

まとめて魚を取ったときは、何日間か魚を食べ続けることになる。最初は和食、次は洋食。和食を挟んで、また洋食。刺身にしたり、セヴィーチェにしたり、塩焼きにしたり、オリーブ油で炒めたり……そうして魚の味を堪能すると、また肉が食べたくなる。

ときどき、自分たちが農家ではなく、漁師だったらどんな生活をしているか、想像してみることがある。

きっと、毎日魚を食べているはずである。

獲れた魚のうち、よいものは出荷し、残ったものを家族が食べる。

毎日、毎日、水を流しっ放しにした大きな流し台で、魚の腹を切り、腸を出し、あたりにはウロコが飛び散り、まな板は血で真っ赤に染まって……。

私の想像は間違っているだろうか。

自分が魚をさばくのが得意でないから、新鮮で美味しい魚を毎日食べられるメリットより毎日の台所仕事の大変さのほうが上回って、農家でよかった、と胸をなでおろす。

だから、産地から取り寄せるときは、すぐ料理ができるように、あらかじめ下処理を済ませた魚を送ってもらう。スーパーで買う場合も、尾頭つきでもそのまま焼ける魚はよいが、内臓を出さなければいけない魚はなるべく避ける。

ただし、刺身の場合は柵を買って自分で切る。刺身に切るのも上手ではないが、血が出るわけでもなし、よく切れる包丁を選べば問題ない。そのときの気分や食べかたにより、厚く切ったり、薄い削ぎ切りにしたり、自由にできるほうがよいからだ。

スーパーで売っている、最初から切ってある刺身のパックには、大根の繊切りやシソの大葉、小さな菊の花など、よけいなツマが入っていることがあるが、たいがいは鮮度を失ってぐちゃっとなっているから、捨ててしまう。その代わりに、大葉を刻んだり、キュウリを繊切りにしたりして、新しいツマを添えてやる。

刺身に添える薬味野菜を「ツマ」と呼ぶ習慣は、そろそろ消えて行く運命にあるだろう。魚の刺身が「主人」で、それを陰で支える役目が「妻」であるという感覚は、ジェンダーフリーの世の中にそぐわない。

実を言うと、もともと「ツマ」は脇役ではなかったのだ。

日本の刺身がいまのようなかたちになったのは、醬油ができるようになった室町時代以降のことである。醬油は大豆を発酵させた味噌醬の中に溜まった汁（タマリ）からつくるもので、いまでも西日本で好まれる溜まり醬油や、関東から全国に広まったサラサラの醬油ができるまで、生の魚に醬油をつけて食べる文化は存在しなかった。

そもそも、生の魚は腐りやすい。流通が発達する以前の時代、生の魚を切ってそのまま食べることができたのは、海の近くに住む限られた人だけだった。

腐敗を遅らせるために利用したのは、塩と、酢（柑橘類の酸）と、防腐機能をもつワサビその他の香味野菜だ。魚介を小さく切ったものに、塩をまぶし、柑橘の汁をかけ、ワサビや野菜といっしょに混ぜ合わせる。「なます（膾）」と呼ばれるこの料理が、『日本書紀』にも載っている刺身の祖先である。

鎌倉時代になって、塩から味噌がつくられると（塩はすぐに湿気を吸うが、味噌にすれば安定して保存できる）、生の魚を食べるときにも味噌を使うようになった。味噌と、酢と、さまざまな野菜をいっしょに和えた、酢味噌和え。この料理を「ぬた」と呼ぶのは、ドロドロに混ざった魚や野菜が「沼田」のように見えるからだという。アサリとネギ、マグロとワカメなど、さまざまな組み合わせの「ぬた」は今日も存在する。

そして、室町時代になって醤油ができると、味噌に代わって醤油が刺身のパートナーとして登場する。

が、最初のうちは、それまでと同じように、魚と香味野菜をいっしょにして、醤油と酢で和えていたのだ。生の魚はすぐに塩（味噌・醤油）と酢に絡めておかなければ、鮮度を保つには不安がある。

いまのように刺身を裸のまま皿に載せ、醤油とワサビを食べるときにつけるようになったのは、飛び切り新鮮な魚介類が流通する近代になって以降のことである。

ワサビは飛鳥時代から利用されていたようで、防腐作用があることは科学的にも確認されている。が、魚を切ってすぐにワサビをまぶせば鮮度を保つのに役立つとしても、魚と同時に腹の中に入れても意味がないだろう。

つまり、「なます」から「ぬた」へ、「ぬた」から酢醤油（ポン酢）和えに、そして最後は酢もなしで醤油だけ……と、日本の刺身は進化してきたのだ。

と同時に、酢や塩といっしょに魚に絡まることで腐敗を防いできたワサビやツマも、しだいに排除されて脇役に追いやられた。

もう一度、日本の刺身を見てみよう。

タイでもマグロでもいい、きれいに切った刺身が皿の上に並んでいる。その後ろに、あるいはそれを支えるように大根の繊切りや海藻や大葉が置かれ、さらに穂紫蘇や防風などが飾られている。その脇にワサビと、小皿に醤油。

歴史の時間を巻き戻すには、それらを全部いっしょに皿の上にぶちまけ、ぐちゃらぐちゃらに掻き混ぜてやればよい。

刺身に醤油とワサビが絡み、ツマの野菜たちのあいだに混ざっている。

見た目は「魚介サラダ」あるいは「海鮮サラダ」のようだ。

が、これが昔の「日本の刺身」の姿なのだ。ツマは脇役ではなく、刺身も主人ではなく、全員が同じ価値をもった、多様性を表現した姿である。

刺身の食べかたを考えているうちに、私流の海鮮サラダを思いついた。

夕食で刺身を白飯に合わせて食べた翌日は、昼に残りをまた刺身で食べることもあるが、夕食まで待ってそれらを洋食の前菜にすることも多い。

そういうときは、塩とライムで締めてセヴィーチェにする（『毎日が最後の晩餐』138ページ参照）か、オリーブオイルを塗ってカルパッチョにする……といったあたりがこれまでの私のレパートリーなのだが、ある日、たまたまタイとヒラメを取り寄せて醤油とワサビで食べた翌日、両方の刺身が少しずつ残ったので、それぞれをセヴィーチェとカルパッチョにして同時に食べようと思いついた。

ふつう家で刺身を食べるときは、キュウリの繊切りとシソの大葉（数枚はそのまま、残りは繊切りにして）を添えることが多く、カルパッチョにするときはタマネギとレモンのスライスを盛り合わせるが、刺身の種類が複数なら、全部を合わせてサラダにすればよい。タイもヒラメも単品の刺身では一人前にならない程度の量しかないが、たっぷりの野菜と混ぜれば十分な量の前菜になるだろう。

このときの経験から、数人で会食するときの前菜として、複数の魚介類を用いた海鮮サラダが私の新しいレパートリーに加わった。スーパーでベビーリーフ（数種類の小さな葉野菜が混ざっているパック）とワカメを買ってきて、サラダのドレッシングで和えて平らな皿の上に広げて盛り、そこへ洋風にアレンジした何種類かの刺身を置いていく。

刺身はタイのセヴィーチェ、ヒラメのカルパッチョ……だけでなく、サーモンをスモークしてもよし、タコの直火焼き（『毎日が最後の晩餐』77ページ参照）でもよし、マグロを細切りにしてワサビと塩昆布を載せてもよし、そのときに使える魚を適宜利用する。刺身はそれ以上醤油をつけなくても済むように、少しずつ違う風味をあらかじめ加えておくとよい。それぞれの魚介の下に違った香味野菜を少しずつ敷くと、見た目にも変化があって楽しい。

魚介類の前菜に肉料理のメイン、というのが私のコースメニューの基本なので、このサラダを思いついてからは、来客を迎えるときの前菜に悩むことがなくなった。

思いつき海鮮サラダ

【材料（3人分）】
ベビーリーフ……1パック
ワカメ……80g
シソ大葉、タマネギ、キュウリなど香味野菜……適宜
ドレッシング……オリーブオイルとワインビネガーを3対1の割合で混ぜる
刺身（タイ、マグロ、サーモンなど）……1人当たりそれぞれ30g程度
ライム（またはそれに代わる柑橘）……適量
塩、醤油、ワサビ、塩昆布、ケッパー……少々

【作り方】
❶ベビーリーフは洗ってから水を切り、ドレッシングで和えて大皿の上の全体に敷き詰める。
❷ワカメは洗ってから食べやすい大きさに切り、オリーブオイルと少量の醤油で和え、大皿に敷いたベビーリーフの上に、何カ所かにまとめて置く。
❸タイは削ぎ切りにして、塩とライムの搾り汁に浸けてセヴィーチェにする（『毎日が最後の晩餐』138ページ参照）。

思いつき海鮮サラダ

❹マグロは細切りにして、少量の醤油で溶いたワサビを絡める。

❺サーモンは薄切りにしてスモークし（鍋の底に中国茶の葉を敷いて熱し、網の上に載せた刺身に燻煙（くんえん）を当てる）、レモン汁を垂らしておく。

❻それぞれの刺身を、タイはキュウリの繊切りを小さくまとめてその上に、マグロは刻んだ大葉の上に、サーモンは薄切りにしたタマネギの上に置く。

❼タイの上にはライム（またはそれに代わる柑橘）の砕片、マグロの上には塩昆布、サーモンの上にはケッパーなど、それぞれに合ったトッピングを載せる。

❽ベビーリーフのサラダの上に、3人で3種類なら9カ所、4人で3種類なら12カ所など、人数に合わせて刺身を盛り、会食者に取り分けてもらう。刺身の下の香味野菜や、ワカメとベビーリーフの葉もいっしょに取るよう勧める。
ここでは魚介を3種類だけ紹介したが、刺身は白身魚、アジ、イカ、ホタテ貝など、そのときに手に入るものを使えばよい。2種類では寂しいが、4種類以上では多過ぎる。

①削ぎ切りの魚片を塩とライムで締めるのが
ペルー料理のセヴィーチェだが、
今回はライムの代わりにカボスを使った。
柑橘類ならなんでもよい。

②マグロは細く切って醤油とワサビ（チューブ入りでよい）を絡める。取ってそのまま食べられるように、汁が垂れない程度に味をつけておく。

③瞬間スモークの仕掛け。中華鍋の底にアルミホイルを置いて茶葉を盛り、その上に金網を渡す。紅茶でもできるが、香りの強い中国茶がいちばんよい。

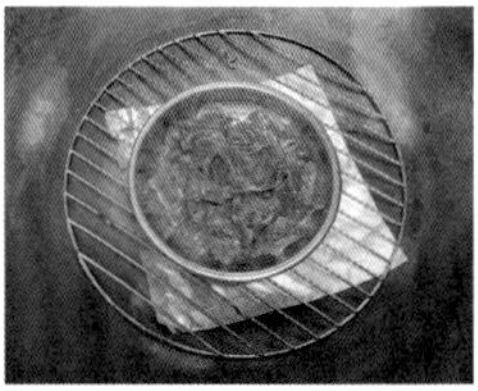

④薄く切ったサーモンを皿に載せて金網の上に置く。高熱になるので皿は耐熱皿または金属製が望ましい。あらかじめ皿に油を塗っておくと剝がしやすい。

⑤鍋の全体を大きな蓋で覆ってから点火する。蓋の隙間から煙が漏れてきたらすぐに蓋を取る。数分以上加熱するとサーモンに火が通り過ぎてしまう。

⑥市販のベビーリーフ。サラダはレタスだけでもできるが、数種類の葉があったほうが楽しい。あらかじめドレッシングで和えてから皿に敷く。

⑦ワカメ。葉っぱはどんな葉でもよいが、このサラダはワカメなしでは成立しない。食べやすい大きさになるよう包丁を入れ、オイルと醤油で味をつける。

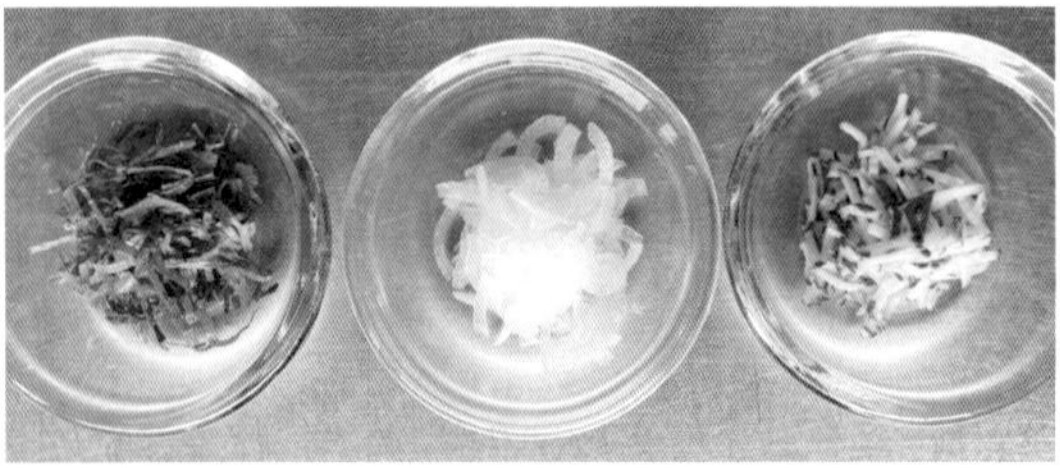

⑧大葉の繊切り、タマネギのスライス、キュウリの繊切り。上に載せる魚の薬味だが、ワカメや葉と混ざっていっしょになっても美味しく食べられる。

思いつき海鮮サラダ

海鮮サラダ

見栄えがするので、
来客やパーティーの前菜に最適

タイのあら煮はブイヤベース

地方からタイを取り寄せると、柵に切り出した身のほかに、頭と尾と骨が送られてくる。きれいに掃除してから送ってほしいと私がいつもリクエストしているので、縦半分に切り分けた頭と、尾と、中骨の何本かが、血の匂いをまったく感じさせない清浄な姿でビニール袋に入っている。

これは、あら煮をつくりなさい、というメッセージだが、私は昔から魚のあら煮をつくるのが得意でなかった。頭と骨などにまず熱湯をかけて臭みを除いてから、酒、醬油、味醂、砂糖を使って甘辛く煮る……という手順は理解しているのだが、何度やっても、醬油と甘味のバランスがうまく取れないのだ。

骨まで入れれば「あら煮」、頭だけなら「かぶと煮」だが、料理屋でこの手の料理を注文すると、ときどき、真っ黒な煮汁が糖分で粘っているような、ひどく甘辛い味つけで出てくることがある。箸で身をほぐして持ち上げると、黒くて甘い粘液が糸を引いてついてくる……。

最近、歳を取ってから、日本料理では砂糖をうまく使うことが大事だとようやく理解するようになったが、若い頃は、料理に砂糖を使わないフランス料理から入ったので、砂糖（や味醂）の甘味を加えることに必要以上に慎重になる癖がついていて、食べるときも甘い料理は敬遠する傾向がある。とくに、あら煮や甘露煮、鯉こくの甘いのは遠慮したい。

ところが、煮汁を薄くして、甘さを控えれば美味しいかというと、やっぱり、あら煮やかぶと煮は、ある程度甘くないと美味しくないのである。煮汁にも、一定の濃度が必要だ。

その按配（あんばい）がいつもうまく行かずに苦労していたのだが、先日、送られてきたタイの頭と骨をそのまま鍋に入れて（きれいに掃除されているので熱湯をかける必要もない）、しばらく眺めているうちに、そうだ、ひょっとしたら、ブイヤベースのつもりでつくればうまく行くかもしれない、と思いついた。

ブイヤベースは、ご存じ南仏の名物料理。マルセイユとその隣のカシという漁港あたりが本場とされる、もともとは漁師の手になる魚介類のごった煮だ。

地中海で漁を終えた船が、魚を満載して帰ってくる。

エビ、カサゴ、ホウボウ、アンコウ……市場で売りに出せる魚介類を選んで取り分けた後、残った小さな雑魚の類は、用意した大きな鍋にぶち込んで自分たちで食べる。

鍋の中の魚介に塩を振り、ニンニクとタマネギ（またはポワロー）を刻み落とし、真っ赤なトマトを潰しながら投げ込んでから、サフランを散らしてオリーブオイルをかけまわす。そして魚介がなかば隠れるくらいの水を加えてから、火をつける。

「南仏のバニラ」と呼ばれるニンニクと、香り高いサフランを惜しげなく使うのが美味しいブイヤベースをつくるコツだが、同じくらい大切なのが、すべての材料が冷たい状態から点火して、一気に強火で加熱する、という調理法だ。

もちろん現代ではレシピも洗練されて、魚介スープは雑魚を使って最初に取っておき、食べる魚は別に煮て後から加える、などさまざまに工夫するようになり、ジャガイモなどの野菜も加えることが多いが、蓋をして一気に加熱し、沸騰がはじまったら10分からせいぜい15分、頃合いを見計らって火を止めた時点で出来上がり、というのが、ブイヤベースの基本的な作り方であることに変わりはない。

ブイヤベース bouillabaisse という料理の名前は、「沸騰する bouillir」と「下げる、落とす abaisser」という二つの語を組み合わせたもので、「沸騰させて bouill- 火を落とす -abaisse」という意味である。昔は底の丸い深鍋で、ブドウの若枝に火をつけて炎が鍋を包むくらいまで燃やし、タイミングを見て鍋を火から外したものらしい。

タイのあら煮も、同じやり方でやってみよう。

そう思って、私は冷たい深鍋の底にタイの頭と尾と骨を並べて重ね、ニンニクの代わりにショウガの薄片を散らしてから、とりあえず酒と醤油と味醂と水を同量ずつ合わせて、タイの頭が隠れるか隠れないかくらいの高さまで注いだ。

ブドウの枝は畑に行けばあるが、集めてきて調理用暖炉で燃やすのも大仕事だから、ガスを全開にして点火した。沸騰後12分で火から外す。

これで魚のあらには火が通ったことになるが、煮汁の濃さは未確認だ。スプーンですくって舐めてみると、やや味が薄い。

私は鍋の中身をいったん皿に取り出し、残った煮汁を煮詰めることにした。煮詰めながら、味を見て、薄ければ醤油を、甘さが足りなければ砂糖を、慎重に少しずつ加えていく。

酒と醤油と味醂と水を同量ずつ、という割合は、ネットを検索したらそれが万能のレシピだと書いてあったからだ。

が、どんなレシピでも、その通りにやればいつも同じようにできるわけではない。酒も、醤油も、味醂も、メーカーによって濃さや風味が違うし、使いはじめと終わりのほうでは同じ瓶に入っていても変化している。そのうえ作り手の好みはそれぞれで、その好みさえ、気候や体調によって変わるだろう。だから実際にできた味を、そのつど自分の舌でたしかめるしか方法はないのだ。

ブイヤベース方式のよい点は、いったん中身を外に取り出すので、煮汁の味を見ているうちに魚に火が通り過ぎる心配がないことだ。煮汁の濃さと甘さが自分の思い通りになったら、それを皿の上の頭と骨の上から注げばよい。

あら煮は、熱々の出来たてをハフハフしながら食べる料理ではないから、つくった料理に後からソースをかけるやりかたで問題はないが、それでは味が染みないだろうと心配するなら、頭と骨を火を止めた煮汁の中に戻して、食べる直前に皿に盛ればよいだろう。

私はこのやり方にしてから、あら煮の失敗はなくなった。

タイのあら煮

【材料（2人分）】
タイのあら（頭、中骨など）……600g
ショウガ……1かけら
酒、醤油、味醂、砂糖、水……各大さじ2杯程度

【作り方】
❶タイのあらは清水で洗うか、海水程度の塩水にしばらく浸けて汚れを取る。
❷鍋にタイのあらを入れ、酒、醤油、味醂、砂糖、水を同量の割合で上から注ぎ、ショウガを薄く切って全体に散らす。
❸あらの上にアルミホイルを1枚置いてから鍋に蓋をし、ガスに点火して、最大の火力で加熱する。
❹煮汁が沸騰しはじめてから数分（最初からだと8～10分）経ったら火を止める。
❺鍋の中のあらを皿に取り出した後、再びガスに点火して、少し加熱しながら煮汁の味をたしかめ、甘さが足りなければ砂糖を、辛味が足りなければ醤油を足し、ふつうの煮物よりちょっと濃い目の味になったところで着地する。

タイのあら煮

①タイのあらは、塩水で洗ってから熱湯で湯通しするのが通常の手順。今回のあらはきれいだったので、湯通しは省略した。

②鍋に入れて調味料を加え、ショウガを散らしてから点火する。

タイのあら煮は、いつも調味に苦労する。
調味液の分量はあらのサイズ、鍋の大きさと深さによってもそのつど異なるので、
私は基本的に薄めにつくっておいて後から濃度を調整することにした。

台所の前につくった家庭菜園。こんなにたくさんミニトマトができたら、
パスタをつくってソースにするしかないじゃないか。

第2章　粉もの炭水化物

私の台所遍歴

留学という名の遊学を終えた後は、都心にあるマンションの小さな部屋を転々と移り住んでいたので、引っ越し荷物の中に入っている料理道具は中華鍋くらいのものだった。それでも旅に出ると料理のことが気になって、台湾からは大きな二段重ねの蒸籠（せいろ）を背負って帰ってきたり、雲南（うんなん）からは汽鍋（きなべ）（鍋底の中央から穴の開いた煙突が出ていて、沸騰した湯の上に載せて蓋をするとその煙突から蒸気が上ってきて鍋の中の鶏肉などを蒸す、水蒸気鍋）を大事に抱えて持ち帰ったりしていたが、どこも台所は狭く、収納スペースも少ないので、道具を置く場所はあまりなかった。

調理場も、たいていのマンションでは流しが一槽、ガス台は二口。卓上用の小型オーブンを買ってガス台の上部（換気扇の直下）に取り付けたりもしたが、思うような調理ができず満足できなかったことを覚えている。

いまでも思い出すのは、私が料理に凝りはじめた初期の頃、テリーヌをつくろうとして悪戦苦闘したときのことだ。たしか日本人のシェフが書いたフランス料理の教則本で、テリーヌのベースには、ハムを生クリームでペーストにしたものを使う、というレシピだった。

ハムをペーストにする？　……それは驚天動地の指示だった。シェフは当然フードプロセッサーを使っているのだが、当時の私はそんな道具があることも知らず、もちろん知っていても買う余裕はなかったから、考えあぐねた末、肉屋からロースハムのブロックを買ってきて、端から包丁で細かく切り崩しはじめた。

ハムをまずみじん切りにして、それから包丁で叩き、生クリームを加えながら潰せば似たようなものが出来上がる……かと思ったのだが、握りこぶしほどの大きさのハムでも全部をみじん切りにするには想像を絶する労力が必要だった。結局は半分ほどであきらめて、ハムはそのまま食べたが、みじん切りのハムはあまり美味しいものではない。

広い台所を使えるようになったのは、38歳のとき軽井沢に引っ越してからだ。軽井沢に建てた新居は、大きな家ではなかったが、玄関を入ってすぐのところに台所をつくった。

台所の広さは4畳半で、正面が庭に面したガラス窓。その窓の下に業務用オーブンレンジを置き、左側には大型の流し台と調理台、右側には下部が冷蔵庫と冷凍庫になっている同じく業務用のコールドテーブルを据えつけた。左右の壁には、正面のレンジフードの下端と同じ高さから天井まで、食器や道具をしまう収納棚を一面に取り付けたが、それらも全部ステンレス製だったから、銀色に輝くコックピットのような台所が出来上がった。

台所の床はコンクリートの打ち放し。その真ん中に自動車の修理工場で使うような金属製のワゴンを置いて、工具の代わりにお玉杓子（たまじゃくし）やフライ返しや菜箸を仕切り枠の中に入れ、下段にはニンニクやタマネギを放り込んで、そのヘビーデューティーな佇（たたず）まいに満足した。

ところが実際に使ってみると、オーブンレンジの火力が強いのはうれしいが、業務用の冷蔵庫や冷凍庫は奥行きが深過ぎて、仕込んだ材料を大型の容器に入れて大量に保管するには便利だが、ネギが3本、ショウガが1片、牛乳のパックにマヨネーズ……など、こまごまとした家庭の日常に対応する機能を欠いている。そのうえ騒音が大きく、営業中の店の厨房なら気にならないが、森の中の静かな家では地響きのように感じられた。

新しい台所は、たしかに小さなマンションの台所よりは広いが、場所を取る調理道具を置くほどの余裕はなかった。

軽井沢では、むしろ野外料理に熱中していた。

庭に張り出したデッキには当然バーベキュー用の炉を設えたし、石やレンガで即席の炉を組んで焚火を燃やし、折ってきた木の枝に肉を刺して焼く遊びはいやほど楽しんだ。

都会から田舎に引っ越すと、たいがいなにかに夢中になる。料理男子なら、まず燻製。それからそば打ち。私も燻製はガス台の上の石油缶から本格的な燻製炉の手づくりまでやったが、魚や肉ばかりでなくからだまでが煙臭くなり、なにを食べても最後は煙の味しかしないので、それ以上深入りはせず途中でやめた。

そば打ちも、いちおうやってみた。うどんも、讃岐（さぬき）のように足で踏んでつくってみたが、いずれも労の割に功があまりにも少ないので嫌になった。

アウトドアクッキングは、軽井沢の自宅の庭だけでなく、いろいろなところに出かけてやった。雑誌の企画で房総半島に行ったときは、歩きながら路傍に捨ててあった杭のような棒を3本拾い、しばらく行くと菜の花畑が一面に広がる農村地帯に着いたので、たまたま外に出ていた農家の人と交渉して、5〜6坪分の菜の花畑を譲ってもらった。

その面積にある菜の花を刈り取り、さっき拾った3本の杭を組んで持参した中華鍋を吊るし、菜の花炒めをつくろうという趣向である。

野外料理の要諦は、不便さの中で工夫をすることだ。あらかじめ持って行くものと、その場で手に入るものを組み合わせ、突発的な出来事に対処しながら、なんとか目的を達成する。その意味で、この菜の花の企画はうまく行ったもののひとつである。

ひどく惨めな気分を味わったこともある。

軽井沢で仔豚の丸焼きをやったことがあり、そのときは時間をかけてうまく黄金色に焼き上がって好評を博したので、そのときに参加していた友人のひとりから、知り合いが田舎の別荘で大きな宴会をやることになったので、そのときに仔豚を焼いてくれないか、と頼まれた。

仔豚といっても長さは60センチくらいあり、焼き上げるには時間がかかる。焚火の火を強くすると、すぐに焦げ色がついてしまい中まで火が通らない。だから最初は、仔豚のからだの表面にまんべんなくオリーブオイルを塗り、弱い火でじわじわと、表面にうっすらと焦げ色がつくまで4時間は待たなければならない。

私が宴会に呼ばれて行った日はあいにく雨模様で、地面に穴を掘って火床をつくり、薪を燃やしはじめた頃からポツポツと雨が落ちてきた。

そこは築100年以上あろうかと思われる見事な古民家で、宴会がおこなわれるのは庭に面した大広間だった。その広間から客が正面に見下ろす位置に大きな庭があり、その庭の一角で私は早くから準備をはじめていた。

客が集まってきたときは、私はすでに仔豚をセットして炙(あぶ)りはじめていた。が、その頃にはかなり雨が強くなってきていたので、薪を燃やしても安定した火勢を保つことが難しい。本当はじわじわと小さな火が燃え続けるのが理想だが、小さな火は雨に打たれるとすぐに消えてしまい、薪をくべると今度は大きな火が上がる。

その調節に苦労して、雨合羽の頭から雨を滴り落としながら、なんとか仔豚がうまく焼けるようにと奮闘している私へ、宴会場にいる客から罵声が飛ぶ。

「まだ焼けないのか」

「腹が減って待ちきれないぞ」

その家の主人は私の友人の知り合いだが、私はその晩の客たちとはまったく面識がないし、彼らは私を雇われた豚焼き職人だと思っているから、罵声には遠慮がない。庭の土は雨でぐずぐず、合羽の内側を伝って入り込む雨でからだも濡れ、あのときほど情けない思い出はその後もめったにない。

そんなふうにしてアウトドアクッキングの経験を積んできた私だが、いまの里山に移ってからは、野外料理をほとんどやらなくなった。

あれは軽井沢にいた頃、近所の農家の庭でバーベキューをやったときだった。

地元の農家の息子さんと知り合いになり、ときどきいっしょに食事をしているうちに、今度バーベキューをやろうよ、という話になった。それならうちの畑でやればいい、と彼に誘われたので、若い人たち数人に声をかけ、材料を用意して彼の家の畑まで出かけて行った。

古い家の前に田んぼと畑があり、畑の脇の草叢（くさむら）が絶好のバーベキュースポットだった。

みんなで笑いながら肉や焼きそばを楽しんでいると、彼のお父さんが、家から出てきた。

彼の父親は筋金入りの農家で、まだ軽井沢に電気が通っていない時代から単身で荒れ地を耕し、克明に記録をつけながら寒冷地でのコメ栽培に成功した、芯の通った篤農家だった。ふだんはとてもやさしい人で、私たちはいつも野菜やコメをもらっていたのだが、そのお父さんが私たちを見るなりこう言った。

「なんで、外でメシ食うんだ」

息子はすぐに、

「おやじ、これがバーベキューっていうもんだよ」

と言い返したが、お父さんは怪訝（けげん）な表情で、訳が分からない、という顔をしたまま、田んぼのほうに向かって歩いて行った。

たしかに、言われてみればその通りだ。

昔の農家は、一日中外で仕事をした。いまなら昼休みになればクルマで家に帰れるが、お父さんの時代は、昼は田の畔（あぜ）で握り飯でも食べるしかなかっただろう。温かいお茶も、飲めたかどうか。できることなら少しでも屋根の下に戻って休みたい。みんなそう思っていたのではないだろうか。

バーベキューだかなんだか知らないが、なにを好んで畑の脇でメシを食うのだ。ゆっくり家の中で食べればいいじゃないか。

たしかにその通りだ。このときは苦笑しながら聞き流したが、この言葉は、自分が農家になって初めてよく分かった。

朝早くから起き出して、日がな一日外で働く。そんな農家の生活なら、お茶の時間や昼どきくらい、いったん家に戻りたくなるのは当然だ。とくに暑い夏など、太陽に当たっているだけで疲れが増し、家の中の暗いひんやりとした空気がいかにありがたいか身に染みる。

私たちが農業をはじめたのはいまの家に引っ越してからなので、家を設計したときはまだその実感がなかった。

だから、台所の外側に屋根付きのテラスをつくり、いつでも外の空気に当たりながら食事ができるような設備をととのえた。

相変わらず野外料理もするつもりだったので、薪にも炭にも対応できる高さに何枚もの焼き網が置けるようにデザインしたバーベキュー専用台を鉄工所に特注し、「スーパーグリルマシン」と称して自慢していた。

結局、「ソトダイ」と名づけた台所の外のテラスは、最初の頃何回かパーティーをやるときに使っただけで、いまでは半分がガラクタ置き場、あとの半分が野菜や食材の保存場所になっている。スーパーグリルマシンに至っては、ワイナリーのお祭りで焼き肉やパエリャをやるときに2回ほど使っただけで、いまは悲しく錆(さ)びついたままである。

新しい家の台所は、思い切って広くした。

これまでの経験で、一日のうちでいちばん長い時間を過ごすのが台所だということが分かったし、来客もみんな台所に集まってくるからだ。軽井沢で学んだことを踏まえて、オーブンレンジだけは本格的なものを設えたが、冷蔵庫は業務用ではなく家庭用にした。

西側に面した大きな窓からは、遠くの山と森の緑がよく見える。

家の中にいてもこれだけの自然が見えるのに、なんでわざわざ外でメシを食うのか。私もだんだんそう思うようになってきた。

パスタマシンが見つかった

懐かしくなって、軽井沢に引っ越した頃の食生活を綴った『軽井沢うまいもの暮らし』（鎌倉書房1985年刊）を見ると、最初に出てくるのが「焚き火で焼くローストビーフ」で、自分で割った薪で火を焚いて、木の枝に刺した肉塊を焼く、得意満面の私の姿が写っている。自分で自分の姿に感動して、ひょっとすると焚き火で肉を炙って食うために山の中に移住したのかもしれない……などと述懐しているのを見ると、なんとも微笑（ほほえ）ましいが恥ずかしい。

季節を追った写真には、キノコ採りや魚釣りなどのほか、もちろん燻製にチャレンジする姿も写っている。まさに、絵に描いたような「田舎暮らし初心者」である。

この本は雑誌に2年間連載した記事をまとめたものだが、最後のほうで、うどんやそばを手打ちしたり、ユダヤ式のベーグルをつくったり、「イタリア製のパスタ・マシン（簡易製麺器）とデュラム小麦粉を使って」パスタを手づくりする、という話が出てくる。

ほぼ同じ時期に別の雑誌に料理レシピを連載していた『玉村豊男のパーティー・クッキング』（文藝春秋1985年刊）には、「パスタ・マシーンというのを買ったので、さっそく友人を家に招んだ」とあり、そのマシンでつくったフェトチーネの写真の脇に、マシンそのものも写っている。

これで、私がパスタマシンを買ったのは1984年であることが分かる。あちこちで言い触らしているのは、それだけ自慢だったからに違いないが、いまから40年近くも前のことだから、ベーグルもまだ知られていなかったし、パスタを自宅で手づくりする人も少なかったのだろう。マシン／マシーン、と表記がぶれているのもご愛敬である。

自分が何年前にどんな料理をつくっていたのか、もうこの歳になるとすっかり忘れているので、こうやって昔の本を引っ張り出して読んでいるのだ。

いまの家に引っ越してきた当初の料理は、『田園の快楽』（世界文化社１９９５年刊）と『健全なる美食』（中央公論社１９９６年刊）に載っているが、これらの本に出てくるのはマシンがなくてもできるニョッキやリゾットばかりで、マシンを使ったパスタは出てこない。

面倒になって、やめてしまったのだろうか。たしかにマシンを使えばもっと細い麺が自在につくれるが、量を多くつくるには何度も同じ工程を繰り返さなければならず、作業が終わった後にマシンをよく拭いて片付けるのも手間だから、だんだん楽をするようになっていったのかもしれない。

あのときの写真に出ていたマシンは、どこへ行ったのだろうか。

いままでにいろいろな家具や道具を買って、そのうちに使わなくなって、人に上げたか捨てたか失くすかしてきた。

軽井沢の台所で調理道具入れに使っていた自動車修理工場のワゴンは、新しい家のアトリエで画材入れに変わっていたことが『田園の快楽』を見て分かった。が、現在はどこを探してもないから、アトリエが増えていく筋トレマシンでホームジム化していく過程で、邪魔になって捨ててしまったらしい。

『パーティー・クッキング』では肉屋さんから挽肉を買ってきて粗挽きソーセージをつくっていたのに、『田園の快楽』では挽肉機を使って自分で豚肉を挽いている。あの挽肉機はいつ買ったのだろう。

いま挽肉機が手許にないのは、ワイナリーのカフェをつくるときに厨房に持って行ったからだ。同時に業務用のソーセージ・スタッファー（腸詰機）も買って店で出す本格的なソーセージをつくるようになったので、私は二度と自分でつくることはなくなった。

パコジェットという、冷凍した素材を微細なペースト状に加工する高価な器械も買って使っていたが、シェフがほしいというので厨房に上げてしまった。

そうだ……と、私はここで思い出した。昔使っていたパスタマシンも、たしか厨房に持って行ったのではないか。

そう思うと、また手打ちパスタがつくりたくなってきた。

コロナ禍が長引いて時間があるし、限られたメニューに姉妹も飽きてきたようだし、ひさしぶりに手打ちのスパゲッティも食べたいじゃないか。

いまも厨房であのマシンを使っているかどうかは知らないが、上げたものをいまさら返せとも言いにくいので、それなら新しいのを一台買うしかない、と思って、私がスマホをいじっていたら、妻に声をかけられた。

「またなにか買おうとしているの？」

「うん、パスタマシンをサ、また、手打ちパスタをつくろうと思って」

私がそう返事をすると、妻が言った。

「あるわよ、パスタマシンなら。使わないままどこかにしまってあるはずよ」

それからしばらくのあいだ、地下の倉庫に探しに行っていた妻が、イタリアンカラーの紙箱を持って階段を上ってきた。中を開けてみると、私がアマゾンで買おうと思っていたのとまったく同じものだった。

軽井沢で使っていたのも、厨房に持って行ったのも、どれも同じイタリア製の定番マシンである。ピカピカの新品状態なのは、一度も使わずにしまい込んでいたせいだ。妻の言によれば、シェフに渡したとき、やはり自分にも一台必要だからといって、すぐにもう一台買ったらしい。そのことを、すっかり忘れていた。

やれやれ、若い頃は自慢だった記憶力も、相当衰えてきているようだ。

セモリナ粉の練りかたくらいは覚えているが、昔と同じようにうまくできるだろうか。

とりあえず細い麺を打って、冷蔵庫で見つけた生タラコの残りで、タラコスパゲッティでもつくってみよう。

タラコパスタ

【材料（ソース4～5人分）】
タラコ（中身）……120g
小麦粉……25g
バター……25g
牛乳……250㎖
オリーブオイル……適量
パスタ（好みの太さの麺）……適量

【作り方】
❶小麦粉をバターで炒め、牛乳を加えてホワイトソースをつくる。
❷タラコは皮を外してから、ソースが冷めるのを待って混ぜ入れる。
❸パスタマシンでつくった好みの太さの麺を、塩を加えた熱湯で茹で、オリーブオイルを絡めてから皿に盛る。
❹❷のタラコソースを、タラコの粒が硬くならない程度に温めてから❸のパスタにかけて供する。

タラコパスタ

バターと小麦粉と牛乳でホワイトソースをつくり、
冷ましてから皮を剥いた生タラコの身をほぐし入れる。
ホワイトソースは少し軟らかめにつくる。
硬いとパスタに絡めたとき固ってしまう。

ソースは食べる直前に温めるが、
生タラコの粒が硬くならないように、
熱し過ぎないようにする。

麺は手打ちのドウをパスタマシンで厚さ2mmに伸ばしてから2mm幅に切ったものだから、
スパゲッティよりやや太め。リングイネに近いサイズの麺になった。
タラコのパスタにはノリを添えるのが決まりらしいが、
たまたま台所にアサツキの使い残りがあったので刻んで彩りに散らしてみた。

手びねりニョッキ

パスタを茹でているときは、絶対電話に出ない。

若い頃はよく、そう言っていた。

もちろん携帯電話がない時代の話だが、フリーランスの物書きは、朝から晩まで、いつ原稿依頼の電話がかかってくるか、緊張して待っていた。編集者から電話がかかってきたときに出ないで切れてしまうと、その仕事はほかのライターに行ってしまうかもしれない。そう思って、狭いマンションでもトイレ中はトイレのドアの前に、料理中は台所の調理台の上に、延長コードを伸ばして固定電話を置いていた。

昔の固定電話は、ベルが鳴り出す直前に、フン、というか、スンというか、身震いするときのような、音にならない音がした。私はそれにいち早く気づくと、間髪を入れず受話器を取ってすぐ大きな声で返事をするので、よく担当の編集者から、おい、すぐ出るなよ、驚くじゃないか、と文句を言われたものだ。

そんなに気にしているのに、パスタを茹でている最中は電話に出ない。その瞬間だけは、仕事よりもパスタの茹で具合のほうが大事だったのだ。

あの頃は、きっちりアルデンテに茹でることにこだわっていた。

袋に記してある指定の時間を計りながら、その少し前から沸騰する湯の中を泳いでいる麵を

1本ずつ取り出して噛んでみる。真ん中に残っている芯が消える瞬間に引き上げるのがベストだから、その瞬間を察知したらすぐに中華鍋（私はいまでも中華鍋でパスタを茹でる）をザッと傾けてパスタを金網のザルに受け、すぐにそのパスタを空になった中華鍋に戻す。このときほんの少しだけ茹で汁が鍋に残っているようにするのがコツだ。そこでガスの火を止めて、鍋の中のパスタにオリーブオイル（またはなんらかのソース）を絡めてから、あらかじめ温めておいた皿に盛る。ここまでは、電話に出ることができないのだ。

直訳すれば「歯（デンテ）に（アル）」当たる感触（あるいは硬さ）……という意味の「アルデンテ」というイタリア語は、人によって解釈の範囲や許容の幅が異なるが、実際には「歯ごたえ」というより上顎（うわあご）（硬口蓋（こうこうがい））に当たるときの弾力をもった食感を表現する言葉で、乾燥した硬いパスタを茹でるときだけに想定される概念である。

私がスパゲッティというものを知るようになった頃は、ナポリタンといえば白くて優しい軟らかな麺で、バジリコというのは大葉のことだと信じていた時代だった。パスタはアルデンテでなければいけない、と言って、日本人がイタリア人以上にアルデンテにこだわるようになったのは、巷に本格的なイタリア料理店が定着しはじめた1980年代以降のことだろう。その頃からレストラン批評や食文化探訪の記事を書きはじめた私は、乾燥パスタのメーカーにこだわり、茹で時間と茹で具合にこだわり、いま思えば恥ずかしいほど肩に力が入っていた。

パスタマシンを手に入れてから、ひさしぶりに生パスタを食べるようになった。

茹でた生パスタの食感は、口当たりは優しいが噛みしめるとしっかりした腰があり、乾麺のプリプリしたアルデンテとはまた違う魅力に満ちている。

その食感を味わうために、マシンではやや太めの麺をつくるようにしている。

そもそもカッペリーニのような極細の麺は、ふつうのマシンではつくることができない。暑い夏にはフレッシュなトマト（ときにはウニなど）を載せた冷製パスタが食べたくなるが、細くても口の中で踊るような食感は、乾麺でなければ出すことができない。逆に、太めの麺は乾麺だと角が立つのに対し、手打ちの生麺はあくまでも穏やかである。

ひと月のうち、手打ちパスタを食べるのは2〜3回だろうか。

でも、その回数のうち、麺ではなくニョッキを食べる割合が、だんだん多くなってきた。手打ちそのものの手間は慣れればたいしたことはないが、使うたびにマシンの箱を奥の物置から引っ張り出してくるのも、箱から器械を取り出してセッティングするのも、使い終わった後によく拭いて再び収納するのも、やっぱり面倒になってくる。そうすると怠けの虫が頭をもたげ、手打ちパスタは食べたいが、できるだけマシンを使わない方法はないだろうか、と考えはじめる。

パスタマシンを使うようになってからセモリナ粉（硬質のデュラム小麦をセモリナ＝微粉に挽いたもの）とゼロゼロ粉（ピッツアなどにも使われる中力粉）は常備してあるので、タマゴと捏ねてドウをつくるところまではすぐにできる。

つくったドウをラップで包んでしばらく寝かせるところまでは同じだが、冷蔵庫から取り出したら、ドウを端から少しずつ摘まみ取って、千切(ちぎ)って丸めていく。指先ほどの大きさの団子がたくさんできたら、こんどはそれを親指の腹で潰していく。

こうしてできるのがニョッキである。ニョッキは小麦粉に茹でたジャガイモを加えてつくるのが一般的だが、カボチャやホウレンソウでつくるレシピもあり、もちろんアメリカ大陸からジャガイモがイタリアに伝わる前は全部小麦粉でつくっていた。

いまでも乾燥パスタはよく食べるが、最近はどちらかというとロングパスタ（麵）より、ペンネ、フィジッリ、オレキエッテなどの、ショートパスタを食べることのほうが多くなった。ショートパスタは茹で時間の許容範囲が広いし、肉料理などに添えて出すときに重宝する。つくり過ぎて残ったら冷たいままマヨネーズで和えてサラダに混ぜてもよいし、耐熱皿に入れて溶けるチーズを載せればグラタンになる。ニョッキも同じで、それだけで食べてもよいが、たいていの場合はほかの料理の付け合わせにする。

手打ちの生パスタは、短時間で茹で上がる。とくにジャガイモが入っていると早いが、浮いてきたところで掬(すく)わずに放っておいても茹で過ぎを気にする必要はない。そんなふうに茹で時間がいい加減なところもありがたいが、最近は誰からの電話にも出ないことにしているので途中で邪魔されることもなくなった。

ニョッキのチーズソース

【材料（4人分）】
小麦粉（セモリナ粉またはゼロゼロ粉）……100g
ジャガイモ……100g
タマゴ（全卵）……1個
生クリーム……120ml
粉チーズ……好きなだけ

【作り方】

❶ジャガイモを適当な大きさに切って茹で、皮を剝いて潰しておく。そのジャガイモと小麦粉をボウルに入れ、全卵を加えて混ぜ合わせ、ドウをつくる。

❷❶のドウを直径1センチ程度の棒状に伸ばし、小さくカットしてから手のひらで丸め、できた丸い球を指の腹で押す。

❸塩（材料外）を入れた湯を沸かしてニョッキを茹でる。熱湯に入れるとほどなくして浮いてくるから、少し泳がせてから適当に引き上げればよい。

❹生クリームを小鍋に入れ、粉チーズを混ぜながら加熱して半量近くまで煮詰めてソースとする。かけたソースの上から、さらに粉チーズを振ってもよい。

ニョッキのチーズソース

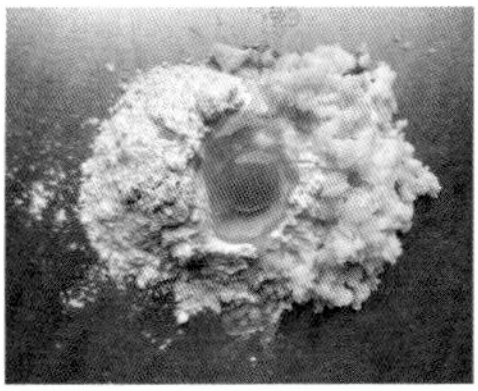

①小麦粉と茹でたジャガイモを重量比で同じだけ混ぜる。タマゴは1個。

②練ってまとめてしばらく寝かせる工程はふつうのパスタのときと同じ。

③まず何本かの棒状にまとめ、スケッパーで数ミリごとにカットしていく。

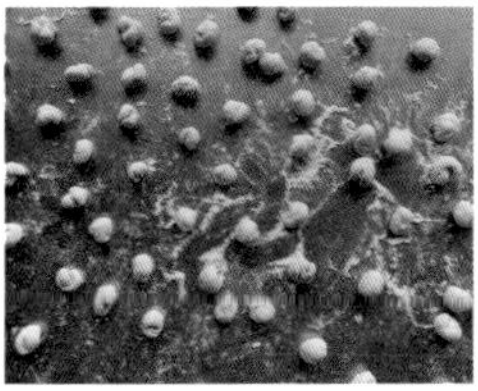

④カットしたドウを手のひらで丸めて小さな球状にする。

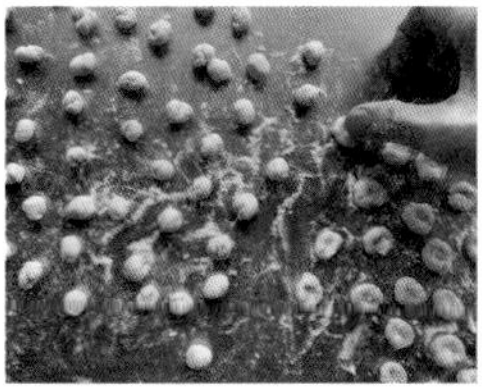

⑤丸い球を指で押して平たくする。指の腹に粉をつけてから押すとよい。

⑥小型のフォークの背を当てて引き、筋をつけるやりかたもある。

⑦茹でたてのニョッキはただ粉チーズを振りかけただけで十分に美味しいが、粉チーズを生クリームに溶かし入れたソースはさらに濃厚で満足感がある。

ニョッキの形状はさまざまで、
芋虫のようにやや長い団子にして表面に筋をつけることが多いが、
どんなかたちでも、厚さと大きさがだいたい同じなら同じように茹だるので問題ない。
ふつうのパスタと違って手にくっつきやすいので作業が簡単なほうを選ぶとよい。
数人分をつくるには結構時間がかかるので、
会食者や子供たちを参加させていっしょにつくると楽しいし手間も省ける。

フライパンで米を炊く

私たちはコメをつくっていないが、近所の農家はたいがい田んぼを持っている。このあたりは標高が高いので田の水温が上がらずコメづくりには不利だと言われるが、日照時間が多く太陽の力には恵まれているので、自家用の田んぼで丁寧に栽培し、稲架掛けで天日干しにしたコメは十分に美味しい。近くの友人のみならず、金沢や富山からも毎年かならず新米を送ってくれる知人がいるので、うちではご飯を炊くたびに、

「きょうのご飯は誰のおコメ?」

と聞いてたしかめ、それぞれの個性を較べながら味わっている。品種、標高、その年の天気などによって、同じ産地で同じ人がつくるコメにもヴィンテージによって微妙な違いがあり、炊き立てのご飯を食べるのはいつも楽しみだ。

白いご飯を夕食に食べるのは週に一度くらいだと言ったが、夕食に食べるときはいつも炊き立てで、残ったご飯は80〜90グラムの大きさに小分けして、ラップで包んで冷凍する。

お昼ご飯は、それぞれがそのひとつをレンジで解凍して食べる。私は血糖値をコントロールするため炭水化物の摂取量を減らしているので、その一部をへずって、食卓の下で首を伸ばして待っている愛犬のピノに分けてやる。

昼のおかずはおもに昨日の残りもので、足りないときは厚揚げを焼いたりなにか缶詰を開け

たり、ノリや漬物を出したりしてカバーする。夕食には白いご飯だけでなく炊き込みご飯や混ぜご飯をつくることもあり、そういう日の残りがあるときはインスタントの味噌汁（品質とバラエティーの進化には著しいものがある）でも添えれば手間をかけずに昼食が用意できる。冷凍庫の引き出しには白いご飯や炊き込みご飯のほか、玄米や五穀米を炊いた「ラップめし」も入っている。

お粥をつくることもよくある。

夕食のおかずが中華系ないしアジア系の料理のときは、麺でなければお粥を添える。

本格的に中国式のお粥をつくろうとするときは、コメの量の10倍の水を鍋に入れて火にかける。最初のうちはコメ粒が湯の中を泳いでいるが、後半になるとしだいに湯が白く濁ってくるので、その頃からは焦げつかないように注意しながら炊き上げる。出来上がりはコメ粒の姿を探すのが難しいトロトロのお粥になる。これなら何杯お替りしてもカロリーは茶碗半分の白飯にも達しない。

かつて私が教科書のようにして、そこに載っているレシピのほとんどを真似してつくったことがある小説家・檀一雄の名著『檀流クッキング』に、心平ガユという一品が紹介されている。詩人の草野心平が考案したというもので、檀先生はこう書いている。

「コップ一杯のお米を大鍋の中に入れる。洗うことも何もない。ただコップ一杯の水である。次にコップ一杯のゴマ油を入れる。続いてコップ十五杯の水をくわえる。そのまま、二時間ばかりトロ火で炊き上げて、ほんの少々の塩味を加えれば、これまた、おいしい心平ガユになること受け合いだ。心平ガユではあるが、出来そこないの心配（しんぺえ）は決してない。」

これは「十五倍粥」である。先ほどの中国粥は「十倍粥」。ふつうは「五倍」か「六倍」で美味しい粥ができる。もっとも最近の私はサボり癖がついてしまい、コメから粥を炊くことはめったになく、食べ残した「チン飯」を水に入れて炊くインチキ粥ばかりつくっている。

コメ粒は生のまま水に入れて加熱すると、軟らかくなるにつれて少しずつ表面が溶けていくから、スープやシチューにとろみをつけたり、煮汁を白濁させたりしたいとき（たとえばコムタンをつくるとき）にも使うことがある。

私は以前から、鍋ものをつくるとき、最初に生のコメ粒を鍋底に入れておけば、鍋の中身を食べ終わる頃には全体がおじやになっているはずだ、と思っているので、面白いから一回やってみようよ、と提案しているのだが、この件についてはまだ姉妹から許可が下りない。

ご飯を炊く方法には、湯取り、というのもある。

これは生のコメを熱湯に入れて湯がくもので、パスタの茹でかたと同じである。この場合、コメは洗っても洗わなくてもよいが、熱湯には少し塩を入れておいたほうがよいかもしれない。インド風やイラン風のコメ料理をつくるとき、コメの粘り気を減らしたいときにこの方法は有効だ。湯取りしたコメには汁気のあるソースか煮物をかけて食べる。

わが家の日常ではコメは炊飯器で炊いているが、インド風にカレーを食べたいときは湯取りにすることもある。

リゾットも、よくつくるコメ料理だ。

これは洗わない生のコメをオリーブオイルで炒めてから水を加えて炊き上げる、パエリャをつくったときと同じ「フライパンで米を炊く」方法である。

コメといっしょにタマネギやニンニクを炒めて風味を加えるのがふつうだが、このときに肉や魚もフライパンに入れてやれば、コメが炊けると同時に出しが出て、西洋風炊き込みご飯が簡単に出来上がる。パエリャまでは、あと一歩だ。

リゾットは、ひとり分のご飯をつくるときに便利である。私は姉妹が揃って出かける日、ひとりで留守番をするときによくつくる。水に鶏ガラスープの顆粒を加えて、ニョッキのときと同じように仕上げに粉チーズを振りかければ、それだけでご飯の代わりになる。

あとは、なぜか、ソラマメとか、グリーンピースとか、新鮮な豆が手に入ったときは、リゾットが食べたくなる。きっと、若い頃に、春になるとグリーンピースとベーコンのリゾットやソラマメとパルミジャーノの砕片を散らしたリゾットをつくったことがあったから、その頃のイメージが残っているのだろう。

豆類は大好きな食べもののひとつで、スーパーで見つければすぐに買うが、生の豆ならすぐに食べられるのに、乾燥した豆を戻すには一晩かかるので、食べたいと思うときはいつも手遅れになっている。

リゾットも、アルデンテにつくるのがよいという。でも日本の短粒米は火が通るとすぐに中まで軟らかくなるので、リゾットをアルデンテに炊き上げるのはなかなか難しい。

そこで私は、最初にタマネギやニンニクといっしょにコメを炒めるとき、コメ粒の端が白くなるまで炒めてから、スープを加える方法を取っていた。そうすると、コメが軟らかく炊き上がっても、白くなるまで炒めてある部分は硬いままだから、口に入れたときに硬い歯ごたえが残る。本来のアルデンテは芯に近いところの硬さを言うものなのだから、これは贋物(にせもの)のアルデンテだ。

その後、イタリアの食材が簡単に手に入るような時代が来て、アルボリオやカルナローリなど、イタリアでよく使われる短粒米を取り寄せてリゾットをつくってみたら、なんのことはない、大粒で軟らかいけれどもいくら火を通してもしっかりとした腰が残っていて、これならタイミングを外しても歯ごたえのあるリゾットがつくれるのだ、と納得した。

考えてみれば、食を楽しむことにかけては人後に落ちないがいつも自由でいい加減なイタリア人が、それほど厳しくアルデンテにこだわるわけがない。

私も若気の至りを反省して、電話が鳴ろうと鳴るまいと、コメ粒にエッジが立っていようといまいと、なんでも許してそのときに出来上がった状態をありのままに受け取ることが、ようやくできるようになった気がしている。

豆とベーコンのリゾット

【材料（2〜3人分）】
コメ……150g（1カップ）
ベーコン（パンチェッタ）……50g
グリーンピース（冷凍でもよい）……50g
タマネギ（中）……4分の1個
ニンニク……少々
鶏ガラスープ顆粒……適量
オリーブオイル……適量
粉チーズ……適量

【作り方】
❶グリーンピース（生の場合）は、塩を入れた熱湯でほぼ火が通るまで茹でておく。冷凍品の場合は、自然解凍するか湯を通して戻す。
❷ニンニクとタマネギはみじん切りにする。
❸ベーコン（またはパンチェッタ）は、塊からダイス（小さなサイコロ型）に切り出し、空のフライパンに入れて火をつけ、弱火でじわじわと温める。表面に焦げ色がついてカリカリになったら火を止め、溜まった油は捨てる。

豆とベーコンのリゾット

❹ベーコンが入っているフライパンに少量のオリーブオイルを垂らし、❷のニンニクとタマネギを炒める。

❺コメを、洗わないまま❹のフライパンに入れて炒める。コメを入れるとオリーブオイルが絡まってコメ粒は透明になるが、その透明なコメ粒の端の一部が白く変わるか変わらないかのところで水を注ぎ、鶏ガラスープの顆粒を加える。

❻あまりかき回さないようにしながら、水分の減りかたに注意しながら加熱していく。このあたりで❶のグリーンピースを加える。

❼コメ粒の表面がスープから顔を出すようになったら、そのたびに少しずつ水を足し、炒めはじめてから12～13分が経ったら、ときどきコメ粒を数個取り出して噛み、硬さをたしかめる。

❽だいたい、15～16分が出来上がりの目安。あとは好みで、これでよい、と思える硬さに達したら火を止める。

❾皿に移し、粉チーズを振りかけて供する。

豆とベーコンのリゾット

生のグリーンピースでつくれば最高だが、豆の季節は短いので、冷凍の豆で代用した。
顆粒の鶏ガラスープの素さえあれば美味しくできるので、ベーコンがなければナシでもよい。
もし豆もなければ……ただの素リゾットになってしまうが、
それでも粉チーズをかければ十分に美味しい。ひとり飯におすすめ。

心平粥

①材料は、コメ50g、胡麻油50mℓ、水750mℓ（ワインボトル1本分）。

②最初からとろ火で、出来上がりまで1時間半くらいかかった。油が多いので焦げつく心配はないが、胡麻油は半分くらいにしたほうが食べやすいだろう。

香港玉子麺

麵類で乾燥品を保存しているのは、そうめん類、ビーフン、香港玉子麵だ。そうめん類、とひと括りにしたのは、そうめんのほかに冷麦や細うどんも同類に数えているからである。そうめんは表面に油を塗って伸ばすのに対し冷麦やうどんは油を使わない、という違いを別にすれば、実際には麵の直径でこれらの3種類は分類されており、細い順に、そうめん、冷麦、うどん、となる。わが家では太いうどんを食べることは少ないが、そうめんや冷麦のほかに各地名産の細うどん類を何種類も保存してあるので、食べる直前になって、きょうはどれにする？　と言って見較べながら選んでいる。

これらの「そうめん類」は、湯に入れて戻した後、そのまま汁に入れて温かい麵として単独で食べることもないではないが、ふつうは中華風ないしアジア風の炒め物といっしょに食べている。昼食なら炒め物を麵の上に載せて、夕食なら何皿かの料理に主食として添える。

ビーフンは、同じく戻してから、長ネギと干し海老を細かく刻んだものといっしょに炒めて食べる。豚肉でも加えれば、焼きビーフンとして立派な昼食の一品となる。

さて、香港玉子麵である。

私は、若い頃ロンドンで初めてこの麵を知った。ソーホー地区の中華街だったか、少し外れたところだったか正確な場所は忘れたが、独特の細麵を出す屋台のような店が何店かあり、中でも「旺記（ワンキー）」と「藩記（プーンキー）」という店が美味しかった。それまで日本では食べたことのない麺で、食感はポソっとして腰はないが、口の中に入れたときの感触が独特だ。小さめのどんぶりにこの麺を入れ、海老ワンタンの入ったスープで食べる。

パリでも、サン・ジャック通りにある「美麗華酒家（ミラマー）」がこの麺を食べさせる。いつも満員で行列が絶えず、不愛想な中国人の店員に座る席を強引に指定されるが、フランス料理で疲れた胃袋を癒そうと集まってくる日本人客がいまでもたくさんいる。

この麺が日本でも手に入ることを知ったのは、比較的最近のことである。

ネットで買えるのは、香港鶏蛋（玉子）麺と海老卵入りの香港蝦子麺。わが家では玉子麺のほうを大量に買い込んでストックしてある。

香港麺は、きょうは香港麺にしよう、と意見が一致した日に食べる。

茹でた麺を少量のスープに絡めた「汁少な麺」か、湯を切ってから長ネギや干し海老と油で炒めて食べるのが常道だが、最近は懐かしい味を求めて、自分でワンタン麺までつくるようになってしまった。

実は、ラーメンも、ネットでかん水と準強力粉を買えばパスタマシンを使って麺からつくることができるので、中に入れる具なども ひそかに考えているのだが、いまのところ妻からは、そこまでやらなくてよいと止められている。

①通販で買うと袋に入ってくる香港玉子麺。完璧に乾燥しているので、ほとんど半永久的に保存できる。

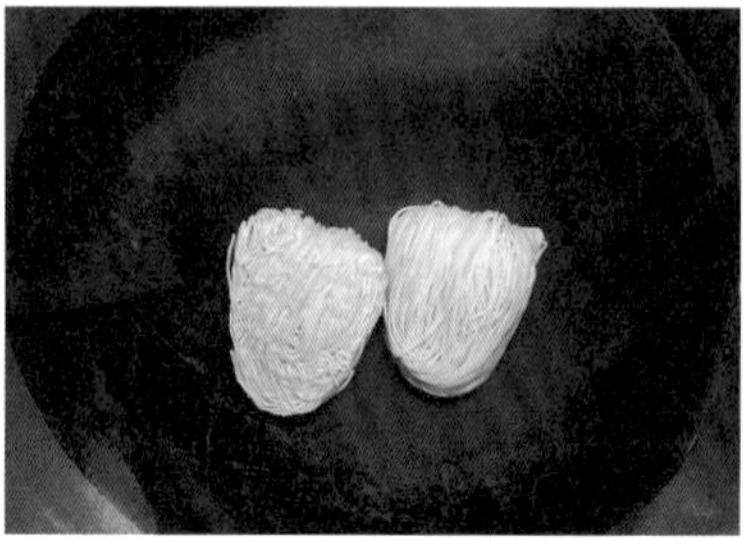

②麺はしっかり固まっているので、熱湯から茹でるとなかなかほぐれない。無理に箸を刺してほぐそうとすると、途中から割れて壊れてしまうので、中華鍋に冷水を張って、火をつける前に麺を投入するとよい。

③麺を入れてから点火すると、加熱が進むにしたがって麺が緩んでくる。

④途中からは自然に麺がほぐれていき、3分程度で茹で上がる。

⑤茹でた香港玉子麺に、鶏ガラスープの素を溶かした汁にわずかな醤油を垂らした即席のスープをかけまわす。なにも載っていない麺だが、炒め物など他の副菜があるときはシンプルな素麺がよい。それも、汁の少ない「汁少な麺」で。

香港玉子麺

香港玉子麺を使って2品つくってみた。

下は、ロンドンでよく食べた「海老雲呑麺（ワンタンヌードルスープ）」。

上は、パリの5区にあるベトナム料理店でよく食べた「ミコドイ」という麺を真似てつくったインチキ料理。

本物はもっと腰の強い別の麺だが、
茹でた麺に黒くて甘い汁をかけた独特の味が忘れられなくて再現を試みた。

麺に絡めたソースは、辛口中華醤油と中華甘醤油とオイスターソースを
同量で混ぜた私だけの「旨煮ソース」（『毎日が最後の晩餐』162〜164ページ参照）。

上に中華街で買ったチャウシューとネギ、パクチーの葉を載せた。

ワンタン

【材料（3人分）】
豚挽肉……150g
ショウガ……半かけら
干し海老……数尾
干し貝柱……1個
片栗粉……大さじ2杯
酒、醤油……各大さじ1杯
塩、胡椒……少々
ワンタンの皮（市販品）……30枚

【作り方】
❶干し海老と干し貝柱は熱湯で戻してから刻んでおく。
❷ショウガはみじん切りにしておく。
❸挽肉と❶の干し海老と干し貝柱、❷のショウガをボウルに入れ、片栗粉と酒、醤油を加えて、全部が一体化するまでよく掻き混ぜる。
❹ワンタンの皮を広げ、1枚につき5g程度の中身（❸）を包む。

ワンタン

①ワンタンの材料。豚挽肉とショウガに干し海老、干し貝柱を加えてみた。

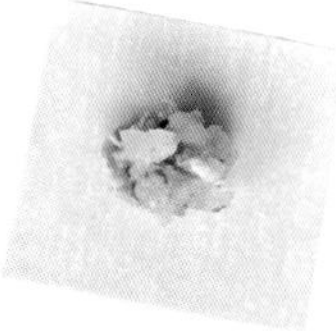

97ページの写真にあるワンタンヌードルスープの海老ワンタンは、エビの剝き身を潰したものと豚挽肉の割合を2：1にしてつくってみた。

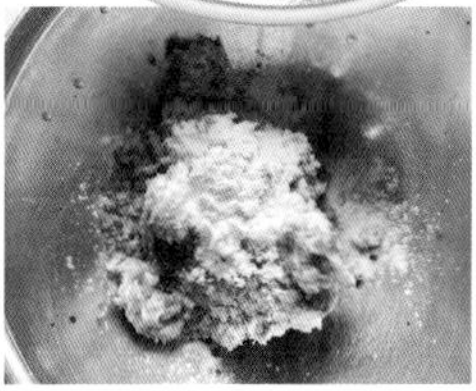

②片栗粉と調味料を加えて全部をよく混ぜる。粘りが出るまでよく練るとよいそうだ。

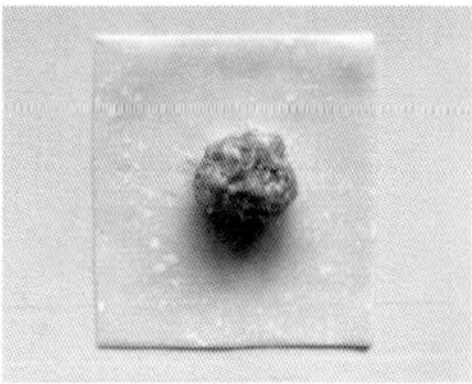

③市販のワンタンの皮の中央に、5g程度の練った餡を置く。

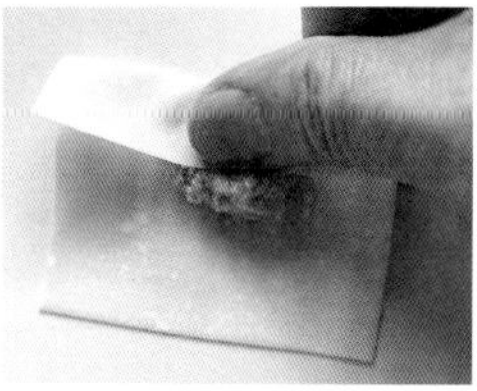

④ワンタンの包みかたにルールはないようだから、まず適当に折ってみる。

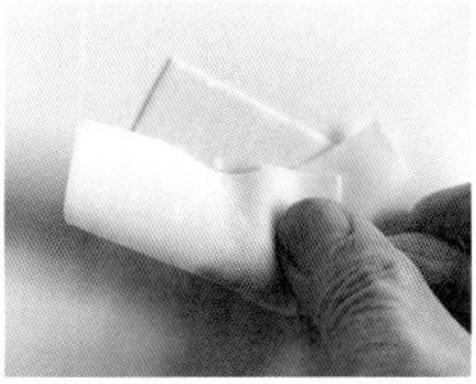

⑤折り畳んで、どこかで皮どうしを合わせて接着する。そのまま強く押せばだいたいくっつくが、心配なら接着部分にほんの少し水をつければ確実だ。

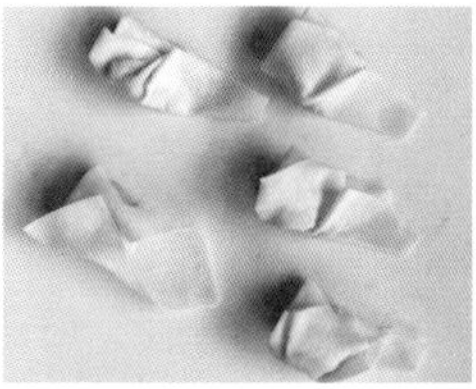

⑥出来上がりの形状はみんな微妙に違うが、茹でてしまえば区別はつかない。左下のひとつは制作途中。

⑦ひとりで10個食べれば満足。黒酢を少量の醬油で割ったものをつけて食べる。

タマネギや長ネギを加える人も多いようだが、私は野菜を加えずに、
干し海老と干し貝柱で中華風味を加えようと考えた。
また、豚挽肉だけではなんとなく物足りないので、少し合挽肉を加えてみようかとも思っている。
ワンタンをつくりはじめたのは最近で、いまいろいろと試行錯誤中。

たまにはベトナム料理

私も妻も、タイには何十回も旅行しているのに、ベトナムにはそれぞ1回しか行ったことがない。ベトナムの料理も雑貨も大好きなのに、たまたま知り合いがいなかったせいか、なんとなく縁がないまま過ごしてきた。私たちの中にあるベトナム料理のイメージは、パリのベトナム料理店でかたちづくられたものである。

パリにはベトナム料理店がたくさんある。もともとベトナムは100年にわたってフランスの植民地だったし、とくにベトナム戦争終結後の1970年代にはパリに移民する人たちが増え、その多くが中華料理やベトナム料理の店を営むようになった。

私たちも、パリに1週間滞在するときは、少なくとも2回はベトナム料理を食べに行く。連日フランス料理ばかり食べていると、若いうちは平気だったけれども、最近はさすがに苦しい。でも、日本料理を食べたいとは思わないので、そういうときに優しいベトナム料理でお腹を休ませに行く。

いつも泊まるホテルの近くに私が学生の頃からやっている古い店があって、そこで食べるものはいつも決まっている。

まず、ゴイクンとチャージオ。

ベトナム語の正確な発音が分からないからこれは勝手な表記だが、私たちがゴイクンと呼んでいるのは生春巻き、チャージオは揚げ春巻き。ともにライスペーパーで具材を巻いて、ゴイクンはそのまま、チャージオは油で揚げて食べる。

ライスペーパーは、米粉を水で溶いて寸胴鍋の上に張った平たい布の上に薄く伸ばし、下から蒸すとできてくる白い湯葉のようなものだが、ふつうは紙のように薄い半透明の乾燥品を使って料理する。

ゴイクンとチャージオで白ワインを飲んだ後は、鴨のローストか、豚肉のスペアリブを焼いたもので赤ワインを飲み、フォー・タイ（平たいビーフンの上に牛肉の薄切りを載せたスープ麺）で締めるのがいつものコース。デザートは、ショウガか金柑（キンカン）の砂糖漬け、または軟らかいベトナム式のヌガー。

ベトナム料理を自分でつくるようになったのは農園をはじめてからで、ミントや香菜（パクチー）を畑から採ってくることができるようになったこともあるが、なによりも真夏の暑い日の夕刻、労働を終えて帰ってきたからだを癒すのに最適だからだ。

シャワーを浴びてシャツを着替え、夕日を見ながら台所に立つ。疲れ切っているのであまり旺盛な食欲は湧かないが、軽やかで清冽なゴイクンの姿を愛でながら白ワインを口に含むと、細胞の隅々にまで静かな力が漲ってくる。

だから私たちは、ベトナム料理は夏のもの、と、端から決め込むようになった。

ゴイクンは、エビとレタスとビーフンを巻く。チャイブの細い葉を一本または数本、尻尾のようにのぞかせて。チャージオは、豚の挽肉に缶詰のカニを混ぜたものを巻く。もちろん両方とも春巻きだから中になにを巻いてもよいのだが、私のつくるのはいつも同じものだ。

私は、何年も前から同じような料理ばかりつくっている。

いつどうして考えついたのかも忘れてしまったようなレシピを、後生大事に繰り返し再現している。

またベトナム料理が食べたいな。

妻にそう言われて、そういえばずいぶん長いこと食べていない、と思った。

ライスペーパーの買い置きはある。あれは寒天と同じで、完璧に乾燥しているから雑菌が付着せず、常温で放置しても半永久的に保存できる。だから、つくろうと思えばいつでもつくれたのだが、なんとなくその気にならなかった。

畑仕事は若い人たちにまかせ、夏の日の労働の後のあの爽快な疲労感を、思い出すことさえできなくなっているからだろうか。

ベトナム料理といっても、昔と同じ料理しかできないよ。

私がそう言うと、それでいいのよ、昔の料理が食べたいの、と妻が言った。

おたがい、そういう年齢になった、ということか。

チャージオ（ベトナム揚げ春巻き）

【材料（3〜4人分）】
豚挽肉……200g
カニ缶（ズワイガニほぐし身）……100g
タマネギ……50g
ビーフン（戻して）……50g（乾燥した状態では20g程度）
ライスペーパー（小型＝直径16㎝）……30枚

【作り方】

❶タマネギはすりおろすか繊切りにして潰し、豚挽肉、カニのほぐし身とともに練るようにして混ぜ合わせる（フードプロセッサーを使ってもよい）。

❷小型のライスペーパーを用意し、中央よりやや下に❶のすり身を指先（第2関節まで）程度の大きさにまとめて載せ、両端を折り畳んで巻いていく。ライスペーパーが乾いていたら無理をせず、水で濡らして軟らかくなるのを待つ。皮とすり身のあいだに空気が入らないように、しっかり押さえながら巻くとよい。

❸揚げ油を170℃に熱して❷を揚げる。たがいに接触するとくっついてしまうので、箸の先で離しながら揚げる。皮が膨らんだ場合は、箸の先でつまんで中の空気を逃してやるとよい。いったん取り出し、180℃で二度揚げする。

ゴイクン（ベトナム生春巻き）

【材料（4人分として8本）】
エビ……150g
ビーフン……50g（乾燥した状態では20g程度）
レタスまたはサニーレタスの葉……3〜4枚
キュウリ……1本
ニンジン……少々
ミント、パクチー、アサツキ……適量
ライスペーパー（中型＝直径22cm）……8枚
魚醤（ナンプラーまたはニョクマム）……適量

【作り方】

❶エビは殻を剥いて背ワタを取り、低温の湯に入れてゆっくり加熱する。赤い色になって丸くなったら引き上げ、余熱でちょうど芯まで火が通るようにする。

❷鍋に湯を沸かし、沸騰したら火を止めて、ビーフンを適当な長さに折って湯に入れる。軟らかくなったら引き揚げ、10センチ程度の長さに切り揃える。

❸キュウリは細切りにし、10センチ以下の長さに切り揃える。

❹ライスペーパーの両面に刷毛で水を塗る（湿らせた布の上に置いて表の面にだけ水を塗って

もよい)。真ん中よりも縁のほうをより多く湿らせるとよい。少し待って、全体が軟らかくなってから作業に入る。

❺軟らかくなったライスペーパーを広げ、手前の中央に❶のエビを3～4尾並べ、その上にレタス(サニーレタス)を手のひらサイズに千切って置く。

❻レタスの上にキュウリを置き(これが巻くときの芯になる)次いで❷のビーフンを置き、その上にさらにミントなど好みの生葉を載せる。葉のかさばりを抑えながら、ライスペーパーを手前から一回転させて途中まで巻く。

❼両側の余った部分を内側に折り畳み、折り畳んだ上にアサツキを何本か置いて(半分がペーパーの外に出るように)、さらに巻きながらかたちを整える。

❽ナンプラー(ニョクマム)は水で薄めて塩辛さを調節し、砂糖を加えてやや甘い味の浸け汁をつくる。容器に入れた浸け汁にはニンジンを小さく切って浮かべるのが慣わし。

ゴイクン

途中でアサツキの尻尾が
折れてしまったものがあったので、
揃えるために全部尻尾を切ってしまった。
尻尾はあってもなくてもよい。
真ん中で切って断面を見せる
やりかたもあるが、私はやらない。
ゴイクンをつけて食べる浸け汁は、
水割りのナンプラーに
砂糖を加えて甘味を足し、
ニンジンの飾りを浮かせたもの。

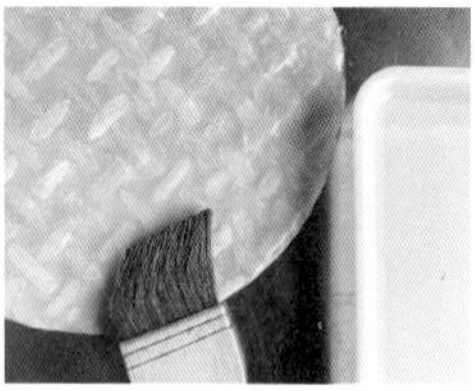

①ライスペーパーに刷毛で水を塗る。片面は全面に塗り、反対側は中心を残して円周に沿って塗るとよい（中心部は後で具を載せたときに湿る）。最初は硬いままなので気が急くが、ある瞬間から突然軟らかくなりはじめる。焦って水をつけ過ぎると、ふにゃふにゃになってしまい取り扱いに困るから要注意。

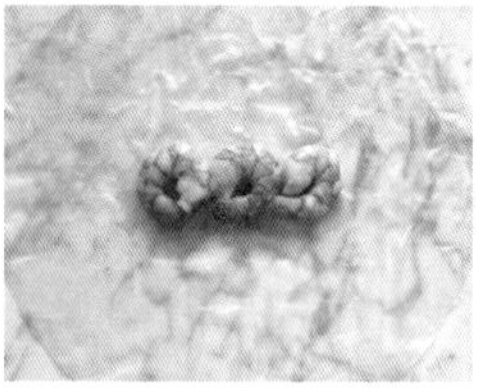

②軟らかくなりはじめたライスペーパーの中央に、火を通したエビ（剝きエビを買ってくれば簡単）を並べる。このときの左右の長さが出来上がりのサイズを決める。

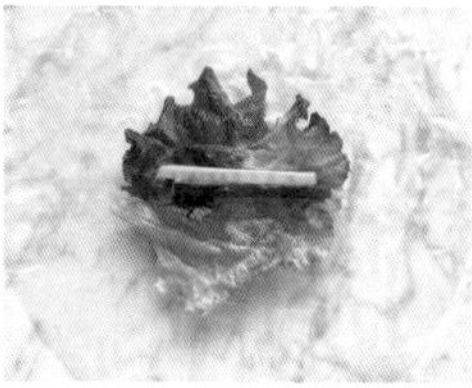

③エビの上に、レタスなどの葉を適当な大きさに千切ったものを載せ、その中心に細く切ったキュウリを置く。これは巻くときの芯になるもので、キュウリでなくニンジンなどでもよい。

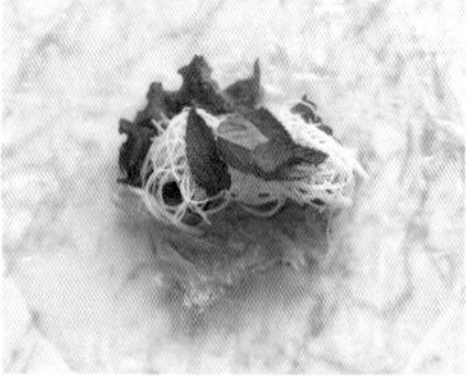

④キュウリの上に戻したビーフンを置き、さらにその上にミントの葉を数枚載せる。

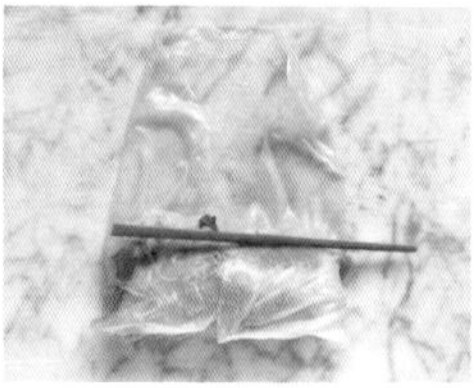

⑤レタスの葉を抑えながら手前から半分巻き、次に左右に出た部分を折り込んでから、残りを最後まで巻く。このときにアサツキの葉を1本、折り込んだ両袖の上に挟んでおくと、出来上がったときに飾りの尻尾が出る。

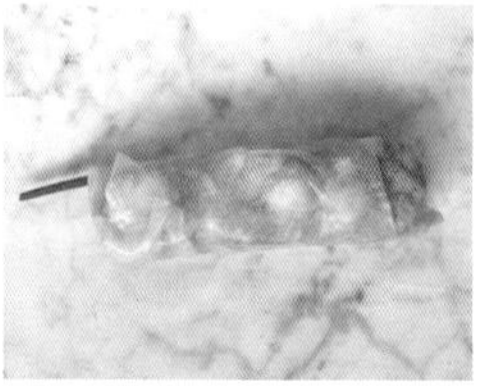

⑥巻き上がり。エビをいちばん下に置いたのは透けて見えるから。最近は中身をいろいろに変えてつくる人が多いが、私は昔からずっとこのパターンを踏襲していて進歩がない。

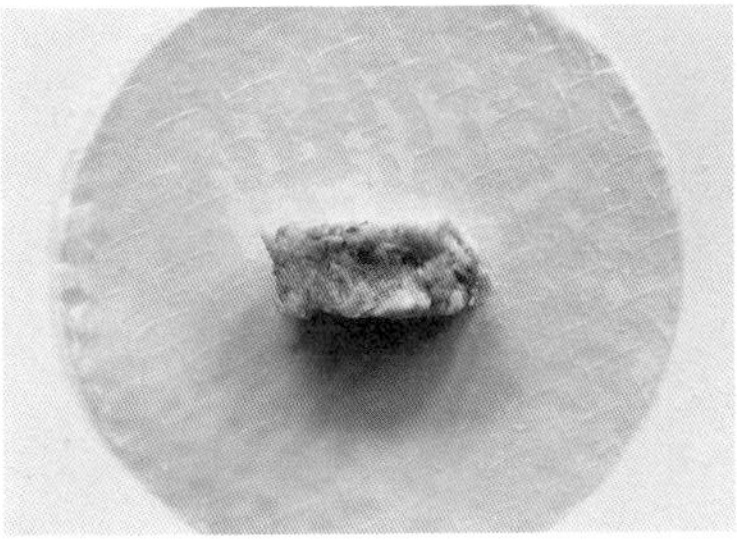

①水を塗って湿らせたライスペーパーの中央に、豚挽肉とカニの身とビーフン、タマネギを混ぜた餡を置く。サイズは10数ミリ角で長さ5cmくらい。人差指の第２関節まで、と思えばよい。

②手前から巻きはじめ……

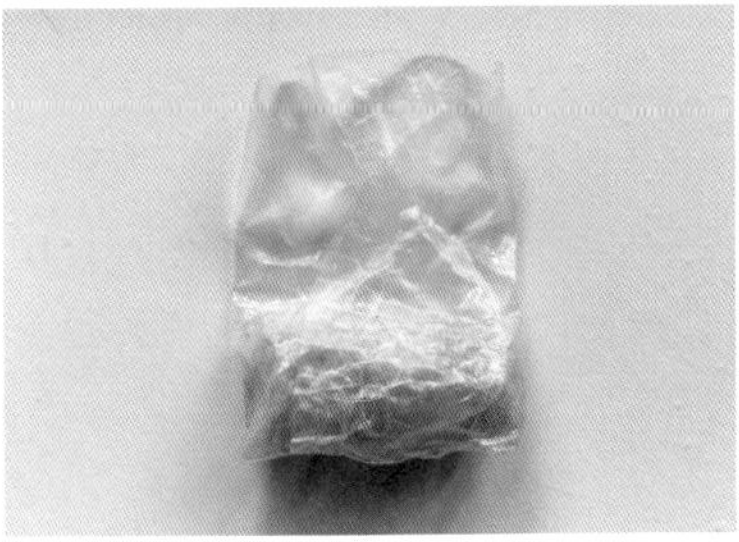

③……両袖を畳み込んでから残りを巻き上げるのはゴイクンと同じ。

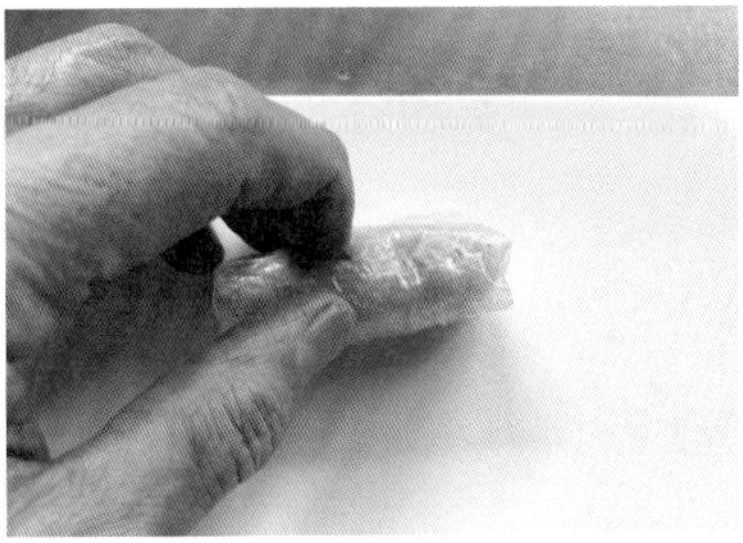

④ゴイクンのペーパーは多少軟らか過ぎても時間が経てば収まるが、チャージオの場合はペーパーに水をつけ過ぎると揚げたときに油の中で緩んでしまう。

チャージオ

チャージオにも
ゴイクンと同じ浸け汁をつけ、
サニーレタスの葉にくるんで食べる。
好きな人はパクチーもいっしょに。

種なしパン

粉ものをつくるようになってから、粉を扱うのが面倒でなくなってきた。もともと天ぷらや唐揚げなど揚げものをつくる回数はきわめて少なく、昔は水餃子の皮などを手づくりしたこともあったが、最近は餃子も市販の皮でつくるし、そもそも餃子づくりはもっぱら姉妹にまかせて私は手を出さなかった。

だから小麦粉には関心が薄く、食品棚に長いあいだ放置して風邪を引かせてしまったこともよくあったが、最近は改心して、ふつうの小麦粉だけでなく、パスタに使うセモリナ粉やゼロ粉、チャパティを焼くアタ（インドの全粒粉）などの粉を、袋に密閉して冷蔵庫で保管している。

パスタも自分でつくりはじめると、それほど時間がかからないことがわかってきた。たしかにマシンを出したりしまったりするのは面倒といえば面倒だが、粉を湿らせてまとめたり捏ねたりしてドウをつくる仕事は、慣れてしまえば気軽にできる。ドウを冷蔵庫で寝かせているあいだにほかの料理の準備をして、手が空いたらドウを取り出して麺棒で伸ばしはじめる。

麺棒で伸ばすだけでもけっこう伸びるもので、もちろんそれをマシンにかければ1ミリでも2ミリでも好きな薄さに伸ばせるが、手仕事でもかなり均一に伸ばすことができる。

……と、その段階からわざわざマシンを取り出してパスタ（麺）をつくるより、このまま焼いてしまえば簡単じゃないか、という邪念が起こってくる。

麺棒で伸ばしただけのドウをオーブンで焼けば、平たい種なし（無発酵）パンになる。

世界には、種なしパンを常食にする民族も少なくない。たとえばトウモロコシの粉でつくるメキシコのトルティーヤ、全粒粉でつくるインドのロティ（チャパティ）などは、その代表的なものである。

ギリシャのピタやインドのナンは、あまり膨らませない平焼きパンだがイーストを使う。イタリアのピザ（ピッツァ）も同じ平焼きパンの一種で、作業としては粉を湿らせるときにドライイーストを湯に溶いて加えればよいだけの話なのだが、それも面倒というときは種なしのピザをつくればよい。

タルトフランベはフランスとドイツの国境にあるアルザス地方に伝わる郷土料理で、小麦粉を薄く伸ばした生地にサワークリーム（またはフロマージュブラン）を塗ってタマネギの薄切りとベーコンを上から散らし、高熱のオーブンで焼いたもの。パリパリに焼けた薄い皮が、イーストで膨らんだピザの皮とはまた違う魅力を放つ。

アルザス地方はビールの産地であると同時に白ワインの産地だから、タルトフランベはビールにも白ワインにもぴったり合う。

タルトフランベ

【材料（直径30㎝×2枚分）】
小麦粉（中力粉。なければ強力粉と薄力粉を半々に混ぜる）……120g
水……70㎖
サワークリーム（またはフロマージュブラン）……150g
ベーコン……150g
タマネギ（中）……4分の1個
塩、胡椒……適量

【作り方】

❶小麦粉をボウルに入れ、水を加えて捏ね、ひとまとまりにする。ドウがまとまったらラップでくるんで冷蔵庫で30分くらい寝かせる。

❷ドウを取り出して再びよく捏ね、軟らかくなったら指で押し広げてから麺棒で伸ばす。厚さが1ミリ以下になるくらいまで伸ばしたら、上に直径30センチ程度の丸い皿などを置き、周囲に沿ってドウの余りを切り取って円形にする。

❸円形のドウの上にサワークリームを塗り、タマネギの薄切りとベーコンを小さなダイスに切ったものをその上にまんべんなく散らす。

❹250℃に予熱したオーブンで7〜8分、表面に焦げ色がつくまで焼く。

タルトフランベ

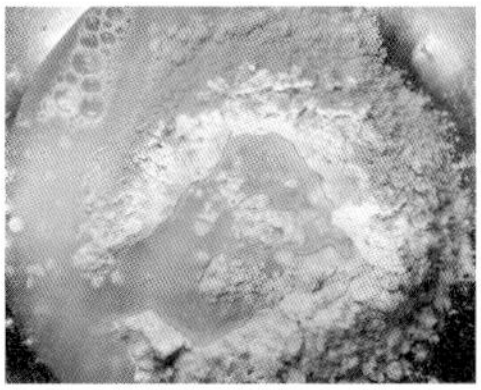

①中力粉に水。
タルトの材料はそれだけ。

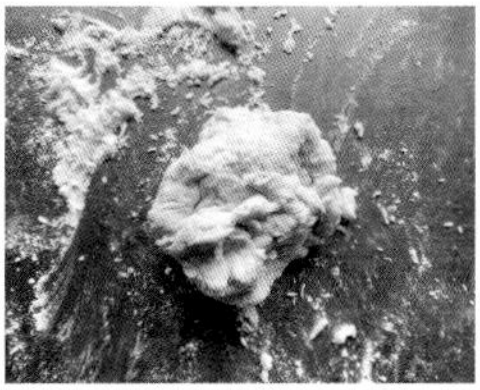

②手で捏ねる粉仕事。

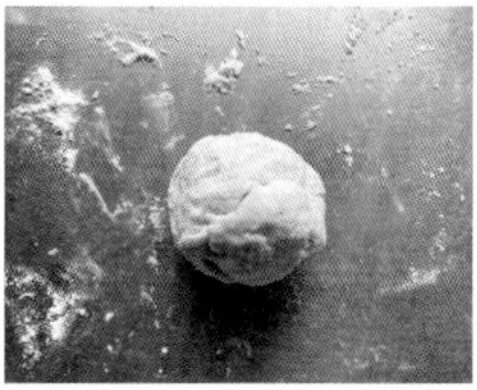

③まとまったら丸めて
少し休ませる。

④麺棒で伸ばして……
できるだけ薄くするのが
ベストだが、力が足りない。

⑤皿などを当てて余りを切り取り円形にする。円形でなく、長方形にする場合もある。どちらもうまく行かなければ不定形でも構わない。

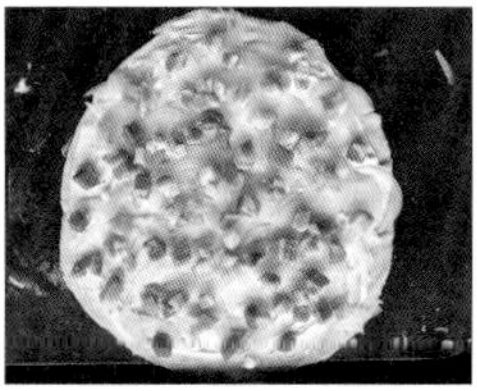

⑥サワークリームを塗り、
タマネギのスライスを並べ、
ベーコンを散らしてオーブンへ。
ベーコンの塩辛さにもよるが、
少し塩を振ってもよい。好みで胡椒も。

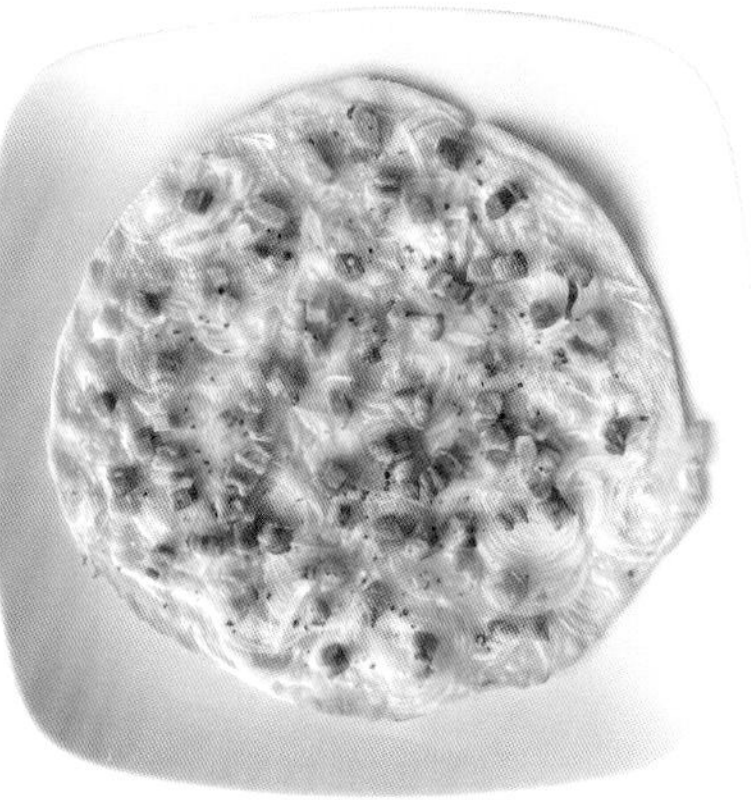

⑦本来は高熱短時間で焼き上げるものだが、家庭用のオーブンでは限度がある。

もともとはフランスとドイツの国境に位置するアルザス地方の郷土料理。アルザス風ピザ、と言われることもあるが、イタリアのピザよりもっともっと薄い紙のような台が特徴。私のは、力が足りなくて厚くなってしまった。先端を内側に折り込んで端を両側から指で押さえながら食べるのはイタリア式のピザの食べかた。本物のタルトフランベは、薄くてパリっとしているので端を持ってもヘタレない。

左手を台にかけ、右手を曲げて「ちょいな、ちょいな」と誘うのが
愛犬ピノの得意ポーズ。でも、このステーキはあげられないんだよ。

第3章　ビーフステーキの誘惑

暖炉で肉を焼く

前巻『毎日が最後の晩餐』で、わが家の台所には5つの火があって、オーブン、電子レンジ、IHヒーターという3つの電気の火のほかに、ふつうのガス台と、同じくガスの上火グリル（魚焼き器）という、2つの直火があると説明した。が、そのほかに、実はもうひとつ直火でものを焼く設備があるのだ。大型のオーブンレンジの隣につくった、調理用暖炉である。

居間のほうには床面から火床を立ち上げた大きな暖炉があるが、台所につくった暖炉は、そこで火を熾して調理ができるように、腰の高さ（調理台と同じ高さ）に火床を設けている。もちろんふつうの暖炉としても使えるので、冬の寒い日などは、薪を燃やして暖を取る。エアコンの暖気とはまったく違う、香りのあるフワッとした空気感がなんとも魅力的だ。

最近はこの暖炉も調理にはあまり使わず、ときどき割り箸や木箱のゴミを燃やすくらいだったので、それではいけないと、コロナ禍のヒマに乗じて中を掃除し、レンガなどで枠をつくってグリル用の網を置けるようにした。いうまでもなく、昔の炭火焼きの頃を思い出して、ここでステーキを焼こうという魂胆だ。

日常に食べる肉は豚肉が多く、豚肉、鶏肉、魚、タマゴ……でタンパク質は足りているが、やっぱり、ときどき牛肉が食べたくなる。

さいわい、安価で良質な肉類を扱っている専門店があって、牛肉を買うときはスーパーではなくその店まで出かけて行く。買うのは、和牛ランプ肉のブロック。ついでにすき焼き用の薄切り肉や、ときには煮込み用に脛(すね)か頸(くび)の肉を塊で仕入れることもあるが、ふつうは脂肪の少ないランプ(腰肉)を、1個あたり150〜200グラムくらいのブロックに切り出した徳用の詰め合わせを買う。一度に2キロくらい買って、半分は冷凍する。

買ってきた最初の日は、ステーキを食べる。ランプ肉の不定形なブロックを小ぶりのステーキのかたちに切り出し、直火で焼く。

最初からステーキのかたちに切って売っている高い肉は買わない。ときどき店主から、きょうはイチボがありますよ、とか、たまにはヒレ肉をいかがですか、とか奨められると心が動いて奮発することはあるが、サーロインとかリブロースとかのステーキ専用部位は敬遠する。

A5ランクの霜降り和牛は見ただけで食欲が減退するが、かといって、まったく脂肪のない外国産の赤身肉や熟成経産牛を食べたいとも思わない。

ステーキを食べるということは、きょうはご馳走だ、という食べる前の贅沢感と、中性脂肪やコレステロールによくないものを誘惑に負けて食べてしまった、という罪悪感を、食べた後に残る舌の上の脂肪と腹の重さで感じるところに醍醐味がある。だから、歯ごたえがありながらも少しだけサシの入った、和牛のランプ肉がちょうどよいのだ。

肉の焼きかたにもさまざまな方法がある。

かつては、ステーキを焼くときはむやみにひっくり返さない、強い火で表と裏を一度だけ焼くのがよい、と教えられたものだが、いまは逆に、高温で急速な加熱を続けて肉にストレスを与えるのはよくない、という考えが主流になり、表面に焦げ色がつかないうちに両面を頻繁にひっくり返すとか、最初に強く焼いたら火から外して、あとはホイルを被せて火の脇に置くとか、ヒートランプの下でじわじわ熱するとか、ラップをかけてオーブンに入れラップが溶けない程度の低温で加熱するとか、それぞれのシェフが頭を捻って工夫している。

表面だけ焼けていて中はまったく生のままでよい、というなら話は簡単だが、中まである程度火を通す（温かくする）には、じわじわと低温で中まで火を通す過程と、高温で表面を焼いて焦げ色をつける過程を、どう組み合わせるかという問題を考えなければならない。

そんなわけでいまの料理界は肉の焼きかただけで分厚い一冊の本ができる時代になっているが、あの表面の美味しそうな焦げ色だけはやっぱり欠かせない、という認識はすべての料理人に共通しているようだ。

焼きかた理論の百花繚乱に辟易したか、それなら自分は単純に薪で焼く、というシェフもあらわれた。レストランの中に薪の火を持ち込んで、自然の炎の力が抽き出す肉本来の味を表現する。正確な温度管理のできる加熱調理機を使うのではなく、薪の火を自在に操りながら、目と指先の神経と想像力で肉を焼く新しい自然派だ。

炭火で肉を焼くレストランは昔からあるが、最近はとくに増えているようだ。薪よりも炭のほうがコントロールしやすいとはいえ、他の調理機器と同時に炭を扱うのは面倒だし、長い営業時間のあいだ一定の火力を保つのは簡単でない。

私のワイナリーのレストランでも、炭火焼きをメインにしようと試みたことがあった。

そのために、一年目はまず炭焼き小屋をつくった。

自宅の庭に隣接する森の中に小屋を建て、畑仕事の手伝いを頼んでいた老人が炭焼きの経験者だというので、窯をつくってもらった。

彼は、長いあいだ炭焼きで生計を立てていたらしい。若い頃は山から山を渡り歩き、森の中につくった窯で炭を焼いて、その炭を売っていたのだという。まず炭になる木を切って山と積み、そのまわりを泥で固めて窯のかたちにする。泥の山に煙突を立て、入口から火をつけて蓋をすれば、中の炭が焼き上がると同時に窯も焼けて固まるという、見事な手際だった。

厨房に置く焼き台は、能登半島の七輪(しちりん)のメーカーに珪藻土でつくってもらった。

炭焼き係には、経験は少ないが体力がありそうな若い料理人が指名された。彼はほかの作業の邪魔にならないよう外で火を熾し、焼き台を両手で抱えて階段を上り下りする力技をこなしながら、顔を真っ赤にして（半分火傷していたのだと思う）炭火で肉を焼いた。

炭火で焼いた厚切りの豚肉は素晴らしく美味しかったが、困ったのは煙だった。

最初の窯で焼いた炭の中には、泥の湿り気を吸っていて、芯まで焼けていないものが多かった。だから完全に熾したつもりでも途中から煙が出てくる。ランチタイムがたけなわの時間になると厨房は白い煙で充満し、料理を取りに行ったサービス係は腰を屈めて口をハンカチで押さえ、まるで防火訓練みたいな恰好で霧の中から姿をあらわすのだった。

厨房のドアを開け放し、反対側から大型の扇風機をまわして煙を外に出そうとしたが、一部はそのまま客席にまで流れ込んだ。テラス席に座れば、窓のすぐ下に炭焼き小屋が見える。煙たい席で食べる炭火焼きの肉は、これ以上ないほど野趣に満ちていた。

結局、あまりの大変さに、炭火の焼き台を使うのは一年で止めた。

炭焼き係の青年は、ほどなくして外国へ修業に行き、帰国してからは高級フレンチ店で腕を磨いて、最近、東京で自分の店を開いたという知らせをもらった。なんでもその店は「都会の厨房で焚き火をする」というコンセプトで、薪や炭で焼いた肉を提供するのだという。

森の中の炭焼き小屋は、その後しばらくして窯の内側の一部が剝落し、いまは使えないままになっているが、あのとき自然の炎に魅せられた若い料理人がこんなふうに跡を継いでくれるなら、無鉄砲な炭火焼きの試みも無駄ではなかった、ということになる。

豚スペアリブの炭火焼き

豚のスペアリブ

豚のスペアリブを炭火で焼いてみた。いわゆるバーベキュー用の定番部位で、
以前は売っていなかった近所のスーパーでも急に取扱量が増えた。
ステイホームでバーベキューをする人が増えたのだろう。写真の量は骨付きで約1kg。
バーベキューソースには凝る人が多く、アメリカなどへ行くと
無数の種類のソースが売られている。日本では醬油に蜂蜜を入れてつくるのが一般的だが、
私は肉片を醬油と味醂を半々に混ぜた液に30分くらい浸けてから、
両面に甜菜糖の粉末を散らして焼いてみた。
牛肉を焼く場合は中まで火が通らなくてもよいが、
豚肉の場合は心配なので、仕上げに150℃のオーブンで10〜15分加熱した。
肉が載っている板は、サルディニア島で買ってきたもの。
焼き肉を載せるために、オリーブの木を削ってつくった皿である。
端のほうにある窪みは塩を置くところらしい。

つけ添えの野菜たち

ステーキに限らず、肉料理にも魚料理にもかならず温野菜を添える。前菜とメインを分けて、それぞれを皿盛りにしてレストランのように提供する……ということも、たまにやることはあるが、ふつうはしない。毎日の夕食では、肉は肉で大きな皿にいっしょ盛り、野菜は野菜で同じくいっしょ盛り。それぞれが好きな分量だけ自分の皿に取り分けて食べる。

洋食風の食卓では、肉や魚などのタンパク質が1皿、野菜料理が1皿、それにサラダがボウル1杯、というのが基本の構成だ。野菜はときに2皿になることもあるが、1回に最低2種類以上の野菜を食べる。

フランスならステーキのつけ添えはフレンチフライと決まっているし、魚のムニエルには茹でたジャガイモを添えるのが慣わしだが、皿盛りでなければメインの素材との組み合わせを考える必要はないから、そのときに手に入る野菜を適当に選んで、それぞれ別途に処理して組み合わせる。

調理法はいろいろで、ガス台を使って「なんでも直火焼き」することもあれば、手間を省くために最初からオーブンに放り込むこともある。どんな調理法を選ぶかは、そのときに使える時間の余裕と、どの火が空いているかにより、できるだけ複数の火源を同時に使って能率的に進行できるように考える。

たとえばジャガイモは、適当な大きさに切ってバットに入れ、オリーブオイルを振りかけてオーブンで焼く「ロースト」がいちばん簡単だ。180℃で20分から30分は必要だが、途中でバットの底にくっついたのを1回か2回剝がすくらいであとは放っておけるから、その時間を他の仕事に振り向けられる。

タマネギも同じくロースト組だ。半分か4分の1に切って、日本酒をかけて1時間焼くと、甘いソースとともに美味しそうな色に焼き上がる。

ナスは、皮ごと黒焦げに焼いて焼きナスをつくるとき以外は、まず縦半分に切ってから切断面に塩を振り、しばらく待って表面に浮いてきた水分を拭き取ってから、フライパンにたっぷりのオリーブオイルを流して焼く。これは欧州や中東など水に乏しい地域でおこなわれてきた伝統的な処理法だが、短時間で確実によく火が通る。以前は、切ったナスを冷水に放ってアクを取ってから炒めるかオーブンに入れるかしていた（『毎日が最後の晩餐』127ページ「ギリシャ風ムサカ」参照）が、最近はもっぱらこの処理法に頼っている。

なお、ジャガイモはスライサーで繊切りにして塩を振り、水が出たらそのまま手で搾ってフライパンで焼くこともある。指先で平たく伸ばして両面を焼けば「ガレット」と呼ばれるかたちになるが、これは誰にでも好かれて評判がよい。

ジャガイモのガレット

【材料（3人分）】
ジャガイモ……300g
オリーブオイル……適量
塩、胡椒……適量

【作り方】

❶ジャガイモの皮を剝き、スライサーを使って繊切りにする。繊切りにされたジャガイモがボウルの中に溜まるようにしておくとよい。

❷ボウルの中のジャガイモに塩を振って混ぜ、水分が出てくるまでしばらく待つ。このあいだに、1人前のガレットの直径に合う大きさのフライパンを用意しておく。

❸フライパンをガスの火にかけ、オリーブオイルを入れて熱する。熱くなったら、ボウルの中のジャガイモを手で摑(つか)んでぎゅっと搾り、そのままフライパンの上に持ってきて手を放し、落ちて山になったジャガイモを指で均一の厚さになるように伸ばし、蓋をして焼く。片面に焼き色がついたら、皿か鍋蓋の裏などを利用してひっくり返し、反対側も同じように焼く。好みで胡椒を振りかけて食べる。

ジャガイモのガレット

①ジャガイモは皮を剝いてスライサーで繊切りにし、塩を振ってしばらく置き水分を出す。

②手で握って水を搾り、そのままフライパンに移して指先で平らに広げていく。

③フライ返しで円周のかたちを整える。

④蓋をして蒸し焼きにし……

⑤片側が焼けたらフライパンをひっくり返していったん蓋の上にガレットを載せ、そのまま空になったフライパンの中に滑らせながら移して反対側を焼く。

⑥両面に美味しそうな色がつけば出来上がり。思ったより時間がかかる。

タマネギの日本酒ロースト

【材料（1人分）】
タマネギ……1個
日本酒……50㎖
オリーブオイル……適量
塩……適量

【作り方】
❶タマネギは汚れた表皮を剝がして茎を切り詰め、底のひげ根を切って平らにしてから、丸のまま、オリーブオイルを引いたバットに載せ、塩を振ってから180℃に予熱したオーブンに入れる。
❷30分ほど経過したらオーブンからバットを取り出し、タマネギの上から日本酒を振りかけ、再び加熱を続ける。
❸ときどきオーブンを開けて中のようすを見て、焦げついていたら日本酒を継ぎ足すなどしながら、全部で1時間程度加熱する。

タマネギの日本酒ロースト

①表皮を剥いた状態。茶色い皮のまま焼いても面白い。

②タマネギには、途中で日本酒を振りかける。

③日本酒を別に加熱してソースをつくる方法もある。

メイン料理のつけ添えに。タマネギが大きい場合は2つか4つに切り分けてから盛るとよい。

ナスのポワレ

【材料（4人分）】
ナス……4本
オリーブオイル……適量
塩……適量

【作り方】

❶ナスはヘタを取り（私はかたちを揃えるためヘタの反対側の一部も切るが、もったいないと思えば切らなくてよい）、縦半分に切り分ける。切断面を上にして並べ、上から塩を振る。「ポワレ」はフランス語で「鍋焼き」の意。

❷そのまま10〜15分間放置し、表面に浮き出した水滴をキッチンペーパーでよく拭う。

❸フライパンにオリーブオイルをたっぷり（ナスを置いたとき切断面の全体に油が染みわたる程度の量）入れて熱し、熱くなったら❷のナスを伏せて並べ、切断面に焦げ色がつくまで数分間、中強火で加熱する。焼き色がついたら裏返し、さらに5〜6分焼く。背中（皮面）を箸で押して、すぐ穴が開く程度に軟らかくなれば出来上がり。焼き上がったものから取り出して皿に盛る。

ナスのポワレ

メイン料理の
つけ添えにするほか、
単独で野菜料理として
提供してもよい。

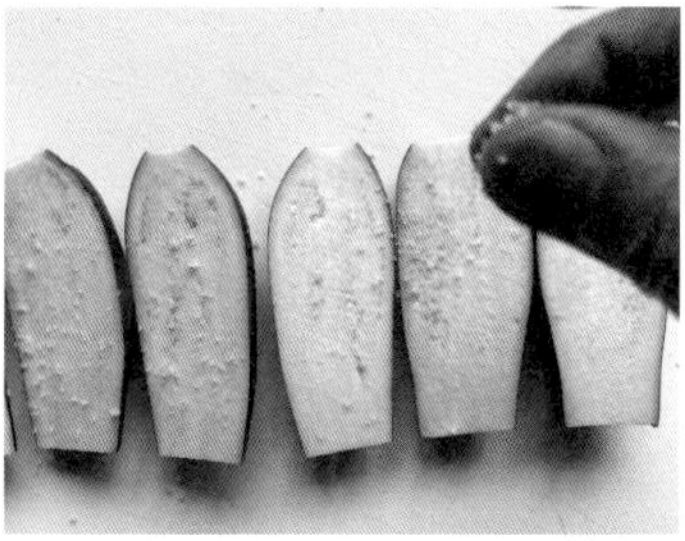

①ナスは縦半分に切り分けて、
切断面に塩を振りかける。

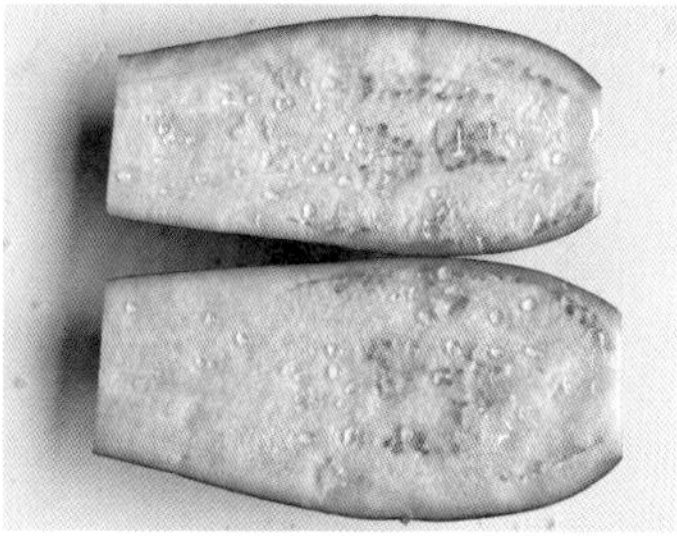

②10〜15分くらいで水分が浮き出してくるので、キッチンペーパーで拭い取る。

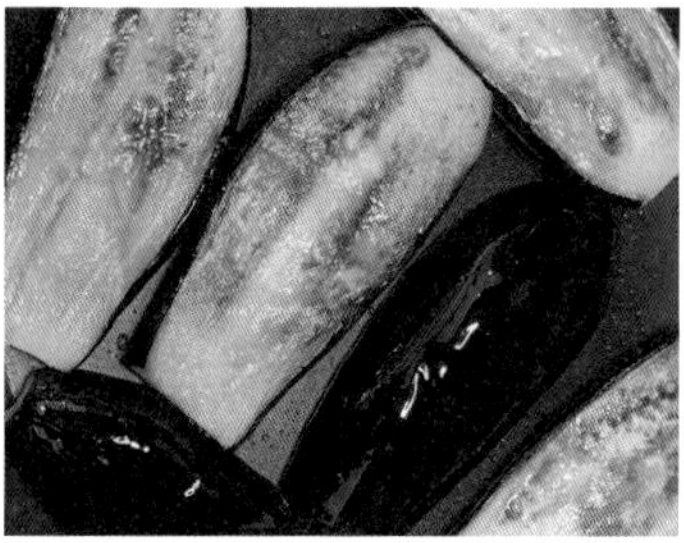

③まずは切断面から焼き始め、
焼き色がついたナスから裏返していく。

④背中側を箸で押して軟らかくなっていれば出来上がり。

なんでも野菜のオーブン焼き

【材料（6人分）】
ありあわせの野菜なんでも。たとえば（写真の撮影例では）赤ピーマン（パプリカ）1個、緑ピーマン2個、ニンジン1本、カボチャ200g、サツマイモ100g、マイタケ2株、オクラ6本、モロッコインゲン6本、ニンニク4片。サラダに使うような葉物野菜以外はだいたいオーブン焼きができると思ってよい。
オリーブオイル……適量
ハーブ類（好みでタイム、セージ、ローズマリーなど）……適量
塩……適量

【作り方】
❶オーブンに入れるバットにオリーブオイルを敷いてから、適当な（ひと口で食べやすい）大きさにカットした野菜を並べ、並べ終わったら上からまんべんなく塩を振って、好みでハーブを散らし、最後に上からもオリーブオイルをかけまわす。
❷220℃に予熱した電気オーブン（ガスオーブンでもよい）で20～30分焼く。途中で一度だけ取り出し、フライ返しなどで全体を切り返しておくとよい。野菜によって火の通りは違うが、焼け過ぎた野菜も凝縮感が出て美味しく食べられる。

なんでも野菜のオーブン焼き

①大きなバットに食べやすい大きさに切った野菜を適当に並べていく。

②愛用のフランス製ガスオーブンで焼きました。これが20〜30分加熱した状態。

おいおい、どこへ行くんだピノ。
私は私の行きたいほうにしか行かないワン。

第4章　すべての料理はカレーになる

茹で肉をシチューにする

買ったランプ肉の半分は冷凍して保存する。あとの半分はとりあえず冷蔵庫に入れ、その日からだいたい１週間くらいのうちに消費する。

この「牛肉週間」が終わると、またしばらくは豚肉、鶏肉、魚、挽肉……などの料理が続くので、次にランプ肉の塊に再会するときはひさしぶり感があり、その意味でも最初は贅沢なステーキがふさわしい。

ステーキにして食べたら、あとは茹で肉にする。そして、茹で肉にしてもまだ食べ切れなかったら、最後はシチューにする。

ここで「茹で肉」というのは、肉の塊を水から煮ただけの、前巻『毎日が最後の晩餐』で紹介した「ボリート」である（１４３ページ参照）。牛肉を鍋に入れて冷水を注ぎ、そのまま強火にかけて加熱する。沸騰したらアクを取り、アクを取ったら弱火にして、そのまま１時間ほど茹で続ける。単純きわまりない料理だが、こうして茹でた肉をスライスして、醬油とカラシまたはトウガラシ、あるいはオリーブオイルと醬油を合わせたもの、またはペスト・ジェノヴェーゼなど好みのソースをつけて食べると美味しい。肉のエキスはスープの中に溶け出しているが、それでも肉にはまだ十分な味わいが残っていて、余分な脂肪が流されている分だけ胃に軽い。

もちろん、肉を茹でた汁は大切に取っておく。茹で肉を食べた後、残りでシチューをつくろうとするときに、この汁を利用するからだ。

ステーキのように肉を焼くと、脂肪や肉汁が滴り落ちる。私たちは脂肪が落ちればカロリーが減るとよろこぶが、生きるために必死で食べていた昔の人は、脂肪の一滴も肉汁の一滴も落としてしまうのはもったいない、と思うから、肉を焼くのは祭りか祝いの「晴れの日」だけの贅沢なご馳走だった。

その点、肉を鍋に入れ、水を加えて煮れば、肉から出る脂肪やエキスは鍋の中の汁に溶け込むから、無駄なく回収することができる。だから文化人類学では、焼き肉を「ハレ（祝祭）」の料理、煮た肉を「ケ（日常）」の料理、と説明してきた。

ボリート（茹で肉）は、茹でた肉だけを食べる料理である。では、肉を茹でたときに出る、鍋の中の汁をどうするか。もちろんそれは牛肉のスープそのものなので、野菜でも小麦粉の団子でも好きなものを入れれば立派な一品になるが、もしその中に茹でた肉を入れてさらに煮込めば、煮汁はしだいに凝縮して少なくなり、最後はスープというよりソースに近い、とろみのある濃厚な流動体になるだろう。

つまり、肉塊からいったん溶け出した脂肪やエキスが、再び、すべて肉塊の中に回収された状態。そうなった状態が、シチューの完成である。茹で肉をつくって食べる以上は、そこから出た汁もすべて胃の中に収めなければ料理は終わらない。

シチューには白いシチュー（ホワイトシチュー／フリカッセ）と茶色いシチューがあるが、私がシチューと聞いて思い浮かべるのは、濃い茶色をした「牛肉の赤ワイン煮込み」のようなものである。

フランスの料理人が教える赤ワイン煮込みは、だいたい次のような手順でつくる。

牛肉を、バターまたはベーコンの脂で、表面に焼き色がつくまで焼く。それをタマネギやニンジンなどの野菜とともに深鍋に入れて、赤ワインとスープ（仔牛の骨などから採ったフォン・ド・ヴォー）で煮込む。2時間半ほど煮込んだら肉を取り出し、鍋の中の汁を煮詰めてから濾して、肉をその中に戻して温める……。

肉を焼く前に、赤ワインにハーブなどを入れたマリネ液に漬けこんでおくように、と指示するレシピも多い。一晩置いてマリネ液から取り出した肉の表面を焼き色がつくまで焼いたら、新しいワインといっしょにマリネ液も鍋に加えて煮る。

マリネする場合もしない場合も、肉と野菜を焼くときに、小麦粉を振りながら焼く、という点は、どのレシピにも共通している。その小麦粉がスープに濃度を加え、煮詰めるとトロリとしたソース状になるわけだ。

肉を取り出した後の煮汁を煮詰めるだけでは十分に濃度が上がらない、というときは、ブラウンソースを別につくって加える。

ここでブラウンソースというのは、小麦粉を同量のバターで色づくまで炒め、濃い茶色になったところでスープを注いで全体をかき混ぜたもの。これをさらに濃く煮詰めたものがいわゆるドミグラスソースだが、これらのソースは、バターと小麦粉の働きによって、シチューの煮汁に「色をつける」ことと「とろみをつける」ことを同時に実現する役割を果たす。

ブラウンソースを加えても、まだいまひとつ濃度が足りない、と感じたときは、「ブールマニエ」を汁の中に落とす、という方法もある。

ブールマニエというのは、バターを温めて軟らかくしたものをほぼ同量の小麦粉と合わせて指先で捏ねた、軟らかい団子のようなもの。ブールはバター、マニエは手で捏ねるという意味だ。肉に小麦粉を振りかけて焼こうとするとダマができることが多いが、ブールマニエだとあとからつくって汁の中に落としてもダマにならずに溶け込んでくれる。

さらにそれでも足りないときは、バターだけで濃度を高める方法もある。

バターで「モンテ」する（盛り上げる）といって、バターの塊をソースに落として掻き混ぜるのだ。そうするとシャバシャバしたソースに照りととろみが出る、というのだが、とにかくフランス人が料理に使うバターの量は半端ない。

牛肉を煮るときに赤ワインを加えるのは、赤ワインを飲みながら食べるときにその風味が調和するのに加えて、その赤い色が仕上がりの色調に艶（つや）を与える効果があるからだ。

料理に使う赤ワインは、本来はそれを食べるときに飲むワインと同じものがよい、とされるが、安くないワインを料理に使うのは抵抗がある。かといって、わざわざ料理用の安いワインを買って使うと、ヘンな味や香りがつくのでは、と心配になる。

私は白ワインでも赤ワインでも（自社銘柄のほかは）だいたい1500～2000円台で買えるものを日常の友としており（それ以上高いワインは人にもらわない限り飲まない）、栓を開けてから2～3日はそのまま飲み続けるが、赤ワインは少し味が落ちてきたと感じたら鍋に空けて加熱し、半量近くまで煮詰めておく。煮詰めたワインを空いたボトルに入れて調味料の棚に置いておけば、必要なときにすぐ使えるからだ。

注意することは、ワインを加えると酸味が増すことだ。適量ならタマネギなどの野菜から生まれる甘味に対抗する酸味を煮汁に与えてバランスを取ることができるが、多過ぎると全体が酸っぱくなる。だからあらかじめ煮詰めたものを、酸味の具合をたしかめながら少しずつ加えていくのがよい。

赤ワインを使わないときは、トマトを使って酸味を加える。赤ワインを使うときでも、さらにトマトピューレを加えるシェフも少なくない。それぞれの酸味は質が違うから、自分の求める酸の質によって両者を使い分ける。

ワインで酸っぱくなり過ぎたと感じたとき、私は、味醂を加えて甘味を足す。いずれにしてもシチューの成功には、色やとろみだけでなく甘味と酸味のバランスが重要なので、絶えず味見を繰り返しながら慎重に調整する必要がある。

さて、シチューが出来上がったら、マッシュポテトをつくって添えることにしよう。ステーキにはフレンチフライを添えるのが常識であるように、シチューにマッシュポテトというのも定番の組み合わせだ。

私がマッシュポテトをつくるときは、皮を剝いたジャガイモを適当な大きさに切って底の平たい鍋に入れ、水から茹でて楊枝（ようじ）が通る程度に茹だったら鍋の中の湯を捨てて水分を切り、さらに加熱して「粉吹きイモ」の状態にしてからポテトマッシャーで上から潰す。それを加熱しながら牛乳で溶いて最後に香りづけのバターを加える、というのがふつうのつくりかた。バターは少量に留めるが、それでもカロリーが気になるときは、カリフラワーかブロッコリを半分混ぜる。なお、茹でたジャガイモの量が多過ぎて余ったら、取り分けておいて翌日マヨネーズを加えてポテトサラダに変身させる。

が、たまにカロリーも脂肪も気にせず「からだに悪い」シチューをつくるなら、つけ添えのマッシュポテトも、半分カリフラワーやブロッコリを混ぜたような軟弱なものではなく、フランス料理の本場のレシピでつくってみるのもよいだろう。

マッシュポテトのレシピはシェフの数だけあるといってよく、生クリームを使う人、牛乳だけでつくる人、タマゴの黄身を加える人……などさまざまだが、誰もがジャガイモの品種から慎重に選んで、潰す前にできるだけ水分を飛ばすことを心掛けている。そしていうまでもなく絶対必要なのがバターで、ほとんどのシェフが、潰したジャガイモ1キロに対してバターが200～250グラムは必要だと言っている。

ここでは、フランス料理の帝王ジョエル・ロブションのレシピを紹介しておこう。

ロブション式マッシュポテト

【材料（3人分）】
ジャガイモ……500g
バター……125g
牛乳……10～15㎖
塩……適量

【作り方】

❶皮をつけたままのジャガイモを水で洗う。鍋に入れて、ジャガイモの上2センチくらいまで冷水を注ぐ。水には1リットル当たり10グラムの塩を入れる。

❷ 鍋に蓋をして、わずかに泡が立つ程度の温度で、20〜30分、ジャガイモがナイフで簡単に切れるほどの軟らかさになるまで茹でる。

❸ 茹で上がったらジャガイモの湯を素早く切り、まだ温かいうちに皮を剝く。大きな鍋の上にできるだけ目の細かい野菜用の裏漉（こ）し器を置いて、漉す。

❹ 鍋を火にかけて、木のヘラで4〜5分間、激しくかき回しながらジャガイモの水分を飛ばす。そこへ、よく冷やした硬い状態のバターをナイフで小さく切って少しずつ加えていく。このとき、全体がよく混ざって滑らかでとろりとした状態になるよう、力を込めて攪拌することが必要である。

❺ 牛乳を沸騰するまで熱し、きわめて熱い状態のまま、少しずつ糸のようにジャガイモの上に垂らしながら、牛乳が全部吸収されるまでつねに激しくかき回す。

❻ さらに軽やかで肌理（きめ）の細かいピューレにしたい場合は、細目の布を張った裏漉し器を使って再度漉すとよい。

牛肉の赤ワイン煮

【材料（3人分）】
牛肉（ランプ肉）……450g
オリーブオイル……適量
赤ワイン……100㎖
タマネギ（大）……1個
小麦粉……30g
バター……30g
塩、胡椒……適量

【作り方】

❶深めの鍋にオリーブオイルを引き、5〜6センチ角に切った牛肉の表面に焼き色がつくまで炒めてから、肉が隠れる程度の冷水を注いで強火で加熱する。沸騰したら浮いてくるアクを取り、タマネギの茶色い表皮を加えて、弱火にしてそのまま1時間ほど煮る（すでに茹でた肉とそのスープがある場合は、温めたところにタマネギの皮を投入して10分ほど煮る）。

❷皮を剥いたタマネギは粗めのざく切りにし、バットに入れてオリーブオイルをかけまわし220℃のオーブンで20分程度（途中で裏返しながら）、あちこちに焦げ色がつくまで焼く。

❸ ❷のタマネギを、フードプロセッサーでペーストにする。水分が足りないときは❶のスープを加えてやればよい。

❹ フライパンにバターを溶かし、小麦粉を加えて中火で炒める。焦げつかないように絶えずかき混ぜながら、色が濃くなってきたら火を弱め、全体がチョコレート色になるまで加熱する。チョコレート色になったら、❶のスープを少しずつ加えながら激しく攪拌し、全体がとろりとしたソース状になるように仕上げる。

❺ 赤ワインを小鍋で熱し、半量程度まで煮詰める。

❻ ❶の鍋から、肉塊を残してスープをいったん全部汲み出し（タマネギの皮は捨てる）、❸でペーストにしたタマネギと、❹のブラウンソースと、❺の煮詰めた赤ワインの半量を加え、肉塊の肩が隠れるくらいまでスープの一部を注ぎ戻してから点火して、弱めの火で1時間ほど加熱する。途中、少しずつ塩（好みで胡椒も）を加えながら何度か味見をし、さらに煮詰めた赤ワインの残りを少しずつ加えて酸味を調整する。最後の段階で肉塊だけを取り出し、鍋の中の煮汁をソース状になるまで煮詰めて、皿に盛ったひと口大の肉塊の上からかけて供してもよい。

ブラウンソースをつくる

①小麦粉を同量のバターで炒める。

②これ以上色が変わらないうちに牛乳を加えればホワイトソースになる。

③そろそろヘーゼルナッツ（ハシバミ）色になってきた。

④かなり色づいたが、もう一息。

⑤焦げつく寸前にチョコレート色になる。

⑥スープを注ぐと一気に煙が立って濃いチョコレート色に仕上がる。

これがロブション式マッシュポテトの材料。
ジャガイモ500g、バター125g、
牛乳はわずか10〜15mℓ。
他のシェフのレシピより
バターの使用量が圧倒的に多い。

マッシュポテトをつくる

冷たいバターを小さく切って熱いマッシュポテトの中に投入する……が、熱い牛乳を糸のように垂らしながら激しく攪拌（かくはん）する、という作業は絶対にひとりではできない。たとえ助手がいたとしても、この量の牛乳を全体に行き渡らせるのは至難の業だろう。私はレシピを読んだだけであきらめて、いつも私がやるように、バターを溶かし込んだマッシュポテトが滑らかに掻き回せるようになるまで十分な量の牛乳を注いで、掻き混ぜながら加熱して水分を飛ばしていくことにした。

牛肉の赤ワイン煮

バターたっぷりの、こってりシチューに、もっちゃりポテト。
からだに悪いものは、なんでこんなに美味しいのだろう。

野菜のルーをつくる

最近は、本格的なシチューをつくろうか、と提案すると、わが姉妹から却下される。そんな重たい料理はいらないわ。それなら茹で肉だけでいい。

たしかに、バターと小麦粉でしっかりボディーが出来上がった料理は、若い頃でなければがつがつ食べることができなかった。いまでは、食べることは食べても量が限られるし、夕方に食べると夜遅くまで腹に石を抱えたような重さが残る。が、それでもごくたまに、量はわずかでもいいから濃厚な、いかにもフレンチ、といった料理を食べながら、とっておきの赤ワインを飲んでみたい……という誘惑に駆られることもある。

ブラウンソースを主役として使うか、まったく使わないか、あるいは少しだけ使うか。それによってシチューの「重さ」が変わってくる。

いちばん軽いのは、バターと小麦粉をまったく使わないシチュー。

バターとオイルは同じ脂肪だからカロリーに変わりはないが、なんとなく植物油のほうがからだによい気がして、高温で炒める料理には太白胡麻油、それ以外にはオリーブオイルを常用している。ふだんからバターは加熱用の油脂としてはほとんど使用せず、料理の最後に少しだけ加えて、溶けるか溶けないかのうちにその香りを楽しみながら食べる、嗜好品のような扱いになっているので、最初からなければないで構わない。

小麦粉を使わない代わりに、とろみは野菜でつける。いわば、「野菜のルー」をつくるのだ。

シチューやカレーをつくるときは、市販のルーを使う人が多いと思う。ルーは、味つけとともに、とろみをつける役目を果たすものだ。

ルー（フランス語 roux）は、もともと「赤褐色の」という意味で、赤毛の女、赤ひげの男、きつね色に焦がしたバター、といった表現に使われる言葉である。その言葉がシチューのとろりとした煮汁や、そのとろみをつけるための素材を指すようになったのだから、やはりフランスでもシチューは「茶色いもの」と認識されていることが分かるが、ふつうはバターと小麦粉が不可欠なそのルーを、野菜だけでつくる。

タマネギ、セロリ、ニンジンなどの野菜を、どれも同じように細かく切ってオリーブオイルでじっくり炒め合わせたものを、イタリア料理では「ソフリット」と呼んでさまざまな料理に利用するようだ。イタリアなら、きっとニンニクも加えるだろう。そのソフリットが、野菜のルーの基本形になる。

ソフリットを大量につくれば、それだけでシチューにとろみがつくはずだ。が、タマネギ、ニンニク、セロリ、ニンジンといった基本の野菜だけでは足りないと思うなら、他の野菜でソフリットを増量すればよい。

まず、カリフラワー。茹でてから細かく刻むか、フードプロセッサーで潰すかして、大量に加えることができる。味にはあまり影響を及ぼさないが、色は白くなる。

それから、エノキダケ。生のままでもプロセッサーにかければペーストになる。火を通さない段階ではわずかな苦みが舌に残るが、言われなければほとんどの人がエノキだとは気づかない。仕上げを茶色くしたければ、エノキをマイタケに変えればよい。

キノコ類は、なんでも増量剤になる。マッシュルームをはじめとしてキノコには独特の香りと旨味があり、加えると味が一段と深みを増す。

牛肉の赤ワイン煮をつくったときは、肉塊の全体を茶色い滑らかなソースが覆っている……というイメージを求めていたので、ソース（煮汁）はできるだけ均一の流動体にしたかった。だからタマネギもフードプロセッサーで潰して、バターと小麦粉のブラウンソースに紛れ込ませたのだ。

もっとも、このときにフードプロセッサーを使ったのは、包丁でみじん切りにする手間を嫌ったからでもある。

料理の本にはよく、シチューやカレーをつくるときはまず「タマネギを焦げ茶色になるまで炒める」と書いてあるが、あの作業は本当に大変だ。

焦げ茶色に炒めたタマネギは瓶詰でも売っているが、ただ甘いだけで腰がないからやっぱり自分でつくりたい。が、そもそもタマネギをみじん切りにすること自体が涙ながらの苦行である。しかも焦げ茶色になるまで炒めれば嵩（かさ）が極端に減るから、みじん切りは大量に用意しなければならず、作業には長い時間と忍耐力が必要だ。

だから、タマネギは大まかに切って、器械の力で潰してしまうことにしたのである。ただし大量のタマネギを処理する必要がないとき、少しだけみじん切りが必要なときは、いちいちフードプロセッサーを出し入れするのも面倒なので、そういうときはタマネギをスライサーで細い繊切りにしてからまな板に載せて、包丁で叩き潰す。マッシュルームなども同様に処理できるが、こうするとプロセッサーにかけたのとほとんど同じ結果を得ることができる。

増量ソフリットをつくるときも、全部の野菜をフードプロセッサーにかけてしまえば、どろりとしたルーの状態になるだろう。全体を滑らかで均一なソースに仕上げたいときは、そうするほうがよい。

一方で、野菜でルーをつくるときは、最後まで舌の上に残る感触もまた風味のうち、と考えることもできる。そう考えるなら、滑らかにすることにこだわらず、逆にソフリットの野菜の一部を少し大きく切り、肉塊は小さめに切って、「肉と野菜のシチュー」というイメージに近づけるのも悪くない。

最近は、豚肉と野菜のピペラード煮込み、というのを、よくつくるようになった。

牛肉の赤ワイン煮込みのようには重くないし、どちらかというとイタリア料理っぽいので、パスタにもよく合って誰にでも好まれる。

いうまでもなくベースになるのは野菜のルーで、タマネギ、ニンニク、セロリ、ニンジン、というソフリットの基本材料に、マッシュルームを加えて増量する。

この料理も、何回かつくるうちに少しずつレシピは変化している。

最初の頃は、マッシュルームだけ原型を残し、他の材料は全部潰してソースに混ぜていた。味つけのベースになるトマトも、自家製のトマトソースを使っていた。だから料理の名前も、「豚肉とマッシュルームのトマト煮込み」としていたのだが、そのうちに、ニンジンも潰さずに原型を残すようにし、トマトソースの代わりにパプリカとミニトマトを使ったピペラードを使うようになったので、名前も、「豚肉と野菜のピペラード煮込み」と変わった。

マッシュルームは原型を残すが、同じ量を潰してソースに混ぜる。原型を残すほうも、石突だけは外して潰すほうにまわす。

ニンジンは、くし形に切って面取りをする。面取りは煮崩れを防ぐというが、実際には丁寧な仕事ぶりを見せるため、という要素が強い。だから家庭料理には不要な手間ともいえるが、ピーラーで角を削れば作業は簡単だし、削った部分はソースに混ぜてしまえば無駄もない。

トマトソースは、かつて毎年つくっていた自家製の冷凍品が底をついてきたので、そのつど必要な分をつくることにした。ふつうサイズのトマトは使わず、ミニトマトだけを丸のままオーブンで焼くことにしたのだが、たまたまパプリカがあったのでいっしょに焼いてみたら、味に深みが加わってぐっと美味しくなった。

ピーマン（パプリカ）をトマトといっしょにオリーブオイルで炒め煮にしたものは、ピペラードと呼ばれる、ピレネー山脈の麓に位置するバスク地方の郷土料理。ニンニクとタマネギを加えてとろとろに仕上げ、地元産のエスプレット（トウガラシ）を利かせるのが慣わしだ。タマゴを添えて食べることが多いが、他の料理にソースとして添えることもできる。私はトマトとピーマンの相性のよさを再確認して以来、シチューに使うトマトソースはピペラードにする（ただしタマネギとニンニクは省略）ことに決めたのだ。

こんなふうに、いつも同じような料理ばかりつくっていると言いながら、そのときの思いつきでレシピの細部は変化する。

シチューという英語の語源は、「風呂に入って温まる」という意味だそうだ。

トマトで酸味が増し、タマネギとパプリカが甘さを加えれば、ワイン煮込みとはまた違ったバランスが生まれるだろう。赤いトマトに赤いパプリカが加われば、仕上がりの色にも華やかさが加わるに違いない。

酸味を何で加え、甘味とのバランスをどう取るか。ソフリットをどの野菜で増量して、仕上がりをどんな色に近づけるか。そのときに手に入る材料から、出来上がる料理のイメージを描き、いろいろな組み合わせの中から適当なものを選べばよい。その方向性によって料理の名前は変わるかもしれないが、「風呂に入って温まる」という言葉の意味にふさわしい、汁の中でじっくり煮込んだ料理が出来上がれば、それがシチューである、ということなのだ。

豚肉と野菜のピペラード煮込み

【材料（5～6人分）】
豚肉（ロースまたは肩ロース）……500g
野菜など……　タマネギ100g、セロリ・ニンジン各60g、ニンニク5g
パプリカ100g、ミニトマト100g、マッシュルーム8個
ベーコン（またはパンチェッタ）……60g
黒オリーブペースト……適量
オリーブオイル……適量
塩……適量

【作り方】

❶タマネギ、セロリ、ニンジンは適当なざく切りに、ニンニクはそのままでバットに並べて塩を振り、オリーブオイルをかけて220℃のオーブンで20～30分焼いてから、フードプロセッサーにかけて潰す。（ソフリット）

❷パプリカはヘタと種、白い隔壁を取り除いてからざく切りにしてバットに入れ、塩を振ってオリーブオイルをかけまわしてから、220℃のオーブンで20～30分焼く。ミニトマトはヘタを取ってから丸のままバットに入れ、オリーブオイルをかけて220℃のオーブンで同じく20～30分焼く。大きなバットがあればパプリカとミニ

トマトを同時に焼いてもよいが、いずれの場合も途中で一度焼け具合を見て上下を返す。焼けたらフードプロセッサーにかけて潰す。(ピペラード)

❸マッシュルームは石突きを外してから半量をみじん切りに(またはフードプロセッサーで粉砕)し、半量はそのまま取り置く。ニンジンはくし形に切り面を取っておく。

❹ベーコン(またはパンチェッタ)は塊からダイス(小さなサイコロ型)に切り出し、表面の一部に焦げ色がついて余分な脂肪が流れ出すまで加熱する。

❺豚肉は食べやすい大きさに切り、オリーブオイルを引いた鍋で表面に焼き色がつくまで加熱する。そこへ❶のソフリットと❷のピペラード、❸でみじん切りにしたマッシュルームの半量と❹のベーコン(パンチェッタ)を加えてよく混ぜ合わせる。

❻鍋に❸のニンジンを(面を取ったときに出た屑も刻んでいっしょに)加え、全体が隠れる程度の水を注ぎ、沸騰しない程度の火を保って30分煮込む。

❼❸で取り置いたマッシュルームを半分に切って加え、さらに10分ほど煮込んでから味を見て、酸味と甘みのバランスが悪いように感じたら黒オリーブペーストを少量加える。味が決まったらいったん火を止め、食事の時間の30分くらい前からもう一度煮込み、熱々の状態で食卓に出す。

- 最後の工程は、そのまま食卓に出せる耐熱容器に入れ替えてオーブンで加熱してもよい(150〜180℃で30分)。

①ミニトマトは丸のままバットに入れ、塩とオリーブオイルをかけてオーブンで焼くと、自然に破裂する。一部が焦げる程度まで加熱すると仕上がりにキャラメル感が出て美味しい。

②パプリカ（赤ピーマン）は適当に切ってから同様にオーブンで焼く。トマトだけでつくるトマトソースより、ピーマンが加わったピペラードソースのほうが複雑で濃厚な風味になる。

③今回のソフリットに使った野菜は、タマネギ、セロリ、ニンジン、ニンニク。それぞれの分量は好みで加減するか手許にある範囲で間に合わせるが、セロリは味の骨格をつくる意味で欠かせない。全部適当な大きさに刻んでオーブンで焼く。

④左がピペラード、右がソフリット。両方とも、焼いた野菜をフードプロセッサーにかけて粉砕した。みじん切りにしてから炒め焼きするより能率的だ。

⑤鍋に入れて煮込んだ状態。いったん煮込んだあと火から離して温度を落とし（そうすると味が染み込む）、食べる前に再び30分ほど煮込む。もう少し長く煮てもよいが、全体の加熱時間は2時間を超えないほうがよい。

⑥最後の加熱は、オーブンに入る容器に移して180℃で30分くらい焼いてもよい。表面が焦げるのを防ぐには、アルミホイルをかぶせて焼く。ガスの直火やIHヒーターの場合は煮汁が減ると焦げつくおそれがあるが、オーブンにはその心配がないので目を離したままほかの作業ができる。また、最初はふつうに食べて、残った分をオーブンでグラタンにするのもよいアイデア。チーズの焼ける匂いはたまらなく食欲をそそる……。

豚肉と野菜のピペラード煮込み

ピーマン（唐辛子）の原産地に敬意を表して、中米風のランチョンマットを敷いてみた。

が、ワインのグラスはヴェネチアで買ってきたアンティークスタイルのワイングラス。

昔のイタリアのバールでは、こんなコップでワインを飲んでいたらしい。

庭の野菜畑に色変わり途中の赤ピーマンがあったので飾ってみた。

（よく見るとスプーンに撮影中の私の姿が映っている……）

シチューからカレーへ

料理番組などを見ていると、

「ここで塩胡椒して……」

と、なにげなく説明する料理家が多い。塩と胡椒は別のもので、塩を加えるときにかならず胡椒も同時に加えなければならない必然性はないはずだ。

なのに、なんとなく塩と胡椒はセットになっているかのように受け取られて、多くの人が無意識のうちに両者を同時に使っている。実際、塩と胡椒をミックスした「シオコショー」という名の調味料も売られているそうだ。

私は、もう何十年も前から、粉末になっている胡椒を使ったことがない。黒胡椒も白胡椒も、そのつど丸いままの実を石臼に入れて、重い石の棒で砕き潰して使う。

よく擦(す)れば細かい粉末になるし、粗く潰せば大粒の粗挽きになるが、いずれにしても粉砕された直後なので辛みも香りも強い。だから、まるで決まりもののように塩を使ったついでに胡椒を振りかけることはなく、しっかりとした風味を加える必要があるときにだけ使う。

胡椒は南インドの原産で、古代ローマでは「金と同じ価値がある」といわれたほど貴重なスパイスだった。中世にも広くヨーロッパ全域で用いられたが、トルコやアラブの商人が交易ルートを独占していたため高値で取引された。15世紀以降、羅針盤の発明で遠洋航海が可能になると欧州各国は探検に乗り出し、直接産地から胡椒を手に入れようと熾烈（しれつ）な争いを繰り広げた。いわゆる新大陸の発見をもたらした大航海時代の歴史は、胡椒をはじめとするスパイスを巡る争奪戦に起因している。

なぜ、それほど胡椒がもてはやされたのか。

それは、貴重な食糧である肉類を保存するためである。衛生状態が悪い時代、腐りやすい肉も、抗菌・防腐作用のある胡椒をまぶしておくと長持ちした。

そのために各国は競って胡椒を求めたのだが、その古代・中世からの長い習慣により、冷蔵保存ができるようになった現代まで、肉には胡椒、という強い結びつきが、実用よりも嗜好のレベルで生き続けてきた。

胡椒が日本に伝来したのは奈良時代とされ、日本料理の中には胡椒を使うレシピもわずかに残っているが、一般に広く使われるようになったのは、洋食が家庭に普及した昭和の高度成長期以降のことだろう。欧米と較べると肉をあまり食べない日本人の生活にも、胡椒は「塩胡椒」というかたちで無意識のうちに入り込んでいる。ただしその胡椒は、あってもなくても関係がないような、料理の味に影響を与えない程度の微粉末である。

8年ほど前、南インドを3週間ほど旅したことがある。

友人のインド系アメリカ人の案内で、現地の裕福な家庭の夕食にも招かれた。

その家には、いっしょに旅行していたアメリカ人の夫婦3組と出かけていった。夜8時頃からという約束だったので8時少し過ぎに行くと、使用人が招き入れてくれた応接間には、まだ家の人は誰もいなかった。

大きな部屋のあちこちに置かれたソファーに座って待っていると、執事のような男があらわれて、まず酒を勧める。飾り棚にはウイスキー、ブランデー、その他あらゆる種類の高そうな酒が並んでいて、好みに応じてカクテルもつくってくれる。

南インドでは、原則禁酒である。町の食堂にはビールもあるが、飲むときは隅のほうにある電話ボックスのように仕切られたスペースで隠れて飲む。スイングドアだから足元は見えてしまうが、顔を隠すのは後ろめたさがあるからだろう。

旅の途中でロードサイドのカフェに立ち寄ったことがあるが、外のテラス席でビールを注文したら、隣のテーブルにイスラム教徒がいるので、彼らが帰るまでは飲まないでほしいと店の人に注意された。

そんな地域でも、富裕層は別格らしい。私たちも手土産にお酒を持って行くようにアドバイスされていたのでジョニーウォーカーのブルーラベルを持参したのだが、高価な酒を好きなだけ飲むのが彼らのステータスのようである。

飲んでいると、凛々(りり)しい身なりの利口そうな少年が、小さな盆をもって客のあいだを巡りはじめた。盆の上には、小さなカナッペや野菜の揚げもの、鶏や魚を焼いて小さくカットしたものなど、ひと口で食べられるおつまみが載っている。

その頃になると、招待客が次々とやってきた。夕食に招ばれていたのは私たちだけではなく、一家の知り合いや近所の友人などが、遠来の客を歓迎するという名目で大勢集まってきて、勝手に自己紹介をしながら賑やかなカクテルパーティーがはじまった。

ようやく一家の主人夫妻が姿をあらわしたのは、私たちがその知り合いだか友人だかに家の中の各部屋をひとわたり案内してもらった後のことで、すでに夜10時を回っていた。万雷の拍手に迎えられて夫妻が登場すると、さらにいろいろな料理が振舞われ、シャンパンで乾杯してから赤ワインへと、酒のピッチも一段と上がっていった。

私は興味があるのでときどきパーティーの輪から離れ、キッチンを覗きに行った。キッチンでは、応接間のほうに運ぶ小皿料理は早くから出来上がっていて、料理人たちはカレー類の調理に忙しかった。出来上がったカレー類はキッチンに近い食堂で供されるようだが、なかなか食堂には案内されなかった。

食事ができました。どうぞ食堂にお越しください。執事がそう声を上げたのは、そろそろ深夜零時になろうという時間だった。

ここでカレー類というのは、私たちは一言で「カレー」と呼んでいるがインドではそれぞれの料理に個別の名前がついていて「カレー」と総称することはない、でも私たちから見れば「カレー」と表現するしかない、多様なスパイスを駆使したインド料理の数々のことである。

もう小皿料理で満腹だし、酔っぱらって眠くもなり、4時間続いた立食パーティーに疲れ果てていたので早くホテルに帰りたかったが、食堂で食べたカレー類の美味で目が覚めた。

もちろん小皿料理もすべてスパイスを利かせた上品で刺戟的な味だったが、何種類も並べられたカレー類はそれぞれに特徴的で、一皿ごとに微妙に違うスパイスの香りが奏でるハーモニーは感動的だった。

客は銀のトレーを渡され、その上に置いた皿にまずライスを盛り、そのまわりに少しずつ料理を取っていく。それぞれの料理に使われているスパイスの組み合わせは異なるが、皿の上でもたがいが触れあい、混ざり合って、また新たなハーモニーがそこに生まれる。食べる人は、自分の好みに合わせて、皿の上でオーダーメイドのミックススパイスをつくり出すことができるのだ。その意味で、インドのカレー類は一期一会であり、まったく同じ味の料理は二度と食べることがないのかもしれない……。

なお、このときの旅行では、もうひとつ特筆しておかなければならないことがある。

それは、南インドを3週間も旅行して、毎日、朝、昼、晩とインド料理をお腹いっぱい、もうこれ以上は食べられない、というくらいに食べ、インド産のワインもたくさん飲んだのに、帰る前日にホテルで体重を測ったら、旅行前より減っていたのだ。ウエストも、2センチくらい細くなっていた。スパイスを毎日大量に摂り続けると、どうやらそれだけでダイエットになるらしい。

インド料理は、哲学的でもある。

日本を代表するグラフィックデザイナーのひとりに、杉浦康平という人がいる。同時代の横尾忠則と並び称されて活躍したが、インド哲学や曼陀羅の研究でも有名で、インドやネパールにしばしば長い滞在を重ねていた。

私が若い頃、雑誌の対談かインタビューで話を聞いたとき、杉浦さんはこう言った。

「玉村さん、インドではよく、子供たちが牛の糞を拾っているでしょう。乾かせば貴重な燃料になるので、牛が糞をするそばから、まだ軟らかいのを争って手づかみにして籠の中に入れている。その光景を見ていて、私は気づいたんですよ。牛の糞の色と、土の色と、インド料理のカレーの色が、どれも同じであることに」

食べ物は大地から生まれる。

人間はそこから滋養を得た後、排泄し、排泄物は土に還る。

私たちは、土から生まれて土に還る生命の循環の一部として、束の間だけこの世に止まる儚い存在なのだ。

そしてカレーという料理は、大地が、あるいは雲古があらわしている、生命存在のすべてを象徴するものなのである。

「中国の文明観では、もっとも奥深いところにある混沌の世界を、玄黄、と表現します。玄は黒のことで、詰まるところ黒と黄を合わせた色がこの世の究極の色であると」

私はこの話を聞いたとき、アジアの宗教と芸術に精通した杉浦康平氏の「カレー玄黄説」にいたく感銘したことを覚えている。

たしかに、パレットの上に出ているすべての絵具を混ぜると黄土色になる。同じように、地球上のありとあらゆる食材をすべてひとまとめにして攪拌すれば、その色は限りなくカレーの色に近づいていくだろう。

日本料理は引き算の料理だが、インド料理は究極の足し算なのだ。

だから、すべての料理は、カレーになる。

どんな料理も、上からカレー粉を振りかければ、全部カレーになってしまうのだ。

ソフリットでもピペラードでも、カレー粉を加えればそのままカレーのソースになる。

「牛肉の赤ワイン煮込み」も「豚肉と野菜のピペラード煮込み」も、カレー粉を振りかけた瞬間、カレーになる。

この章ではシチューのつくりかたを語ってきたが、これらの料理は、調理の最終段階でいつでもカレーにすることができるのだ。

料理をどんな最終形に仕上げるかはつくる人の自由だが、カレーだけは最終的な選択になることに、注意しておいたほうがよい。いったんカレーになってしまったものは、二度と再びカレー以外のものに戻ることができないからである。

ここで私が「カレー粉」と呼んでいるのは、あのインドの裕福な家庭で出合ったような、複雑な香りと味わいをもった「カレー類」としか表現することができない数々のインド料理に用いられる、多種多様なスパイスを粉にした調味料のイメージである。

実際には、何十種類ものスパイスを常備して、いちいちそれらを挽いたり砕いたりして料理に使うのは、私たちにとっては現実的ではない。

一時は私もスパイスに凝って、何種類もホールで買い込んでいちいち砕いたりすりおろしたりしたこともあったが、インド人のように毎日カレー類を食べるわけではないので、結局はなしくずしに使わなくなってしまった。

いまは、市販のカレー粉を使うことにしている。ある料理をつくっていて、ここから先はカレーにしよう、と思ったら、そのカレー粉を振りかける。

クミンとコリアンダーだけは単体のパウダーを買ってあるが、あとはチキン用とかタンドリ用とかブリヤニ用とか、用途別に複数のスパイスをあらかじめ混合したカレー粉をつねに何種類か用意しておき、それらを適宜、適量、そのときの気分で使うのだ。

私としては、できるだけ多くの種類の（なにが混ざっているか分からない）カレー粉を合わせて使うことで、インド料理の特色である「複雑さ」を表現したいと思っているのだが、どのカレー粉をどんな割合で混ぜるかはそのときの手加減しだいなので、私がつくるカレーの味は毎回違い、二度と同じものはできない。

これもまた「一期一会」だといったら、インド人に叱られるだろうか。

ミートソース／挽肉のカレー／野菜のカレー

【材料（ミートソース4～6人分）】
合挽肉……450g
タマネギ200g、セロリー20g、ニンジン20g、ニンニク少々
トマトピューレ……適量
日本酒……適量
鶏ガラスープの素（顆粒）……適量
塩、胡椒……適量

＊**挽肉のカレー**にする場合は以下を追加：カレー粉（各種混合）……適量
＊＊**野菜のカレー**をつくる場合は挽肉を使わず、
カリフラワーやキノコなどありあわせの野菜を追加する

【ミートソースの作り方】

❶タマネギ、セロリ、ニンジン、ニンニクはみじん切りにしてオリーブオイルで炒める。または適当に切ってオーブンで焼いてからフードプロセッサーにかけてもよい。これが「ソフリット」と呼ばれる状態。

❷❶に挽肉を加え、塩と胡椒で調味してよく炒めてから、日本酒を注いで鶏ガラスープの顆粒を振り入れ、強火で沸騰させながら水分を飛ばす。この状態にトマトピュ

ーレ（またはピペラード）を加えればイタリア風のミートソースになる。

（ソフリット＋挽肉＋トマトピューレ＝ミートソース）

＊**「挽肉のカレー」**をつくる場合は、❷のミートソースの状態に、カレー粉（数種混合）を少しずつ加えながらよく掻き回し、味を見ながら、水分が足りなければ水を足し、ちょうどよい辛さと濃度（とろみ）になったら出来上がり。

（ミートソース＋カレー粉＝挽肉のカレー）

＊＊**「野菜のカレー」**をつくる場合は、ソフリット（フードプロセッサーで粉砕するより野菜の質感が残るのですべてを包丁で細かく切ることにする）に、同じく細かく切ったカリフラワー、エリンギ、マッシュルーム、パプリカ、インゲンなどありあわせの野菜を加えて炒め、カレー粉（数種混合）を少しずつ加えながらよく掻き回し、味を見ながら、水分が足りなければ水を足し、ちょうどよい辛さと濃度（とろみ）になるまで加熱する。トマトピューレ（ピペラード）を加えるかどうかは好みによるが、今回はトマトなしでつくってみた。

（ソフリット＋野菜＋カレー粉＝野菜のカレー）

あたりまえのことだが、＊の「挽肉のカレー」の状態に＊＊で示した手順でありあわせの野菜を加えれば**「挽肉と野菜のカレー」**になる。

（挽肉のカレー＋野菜のカレー＝野菜と挽肉のカレー）

トマト味を利かせたイタリア式のミートソースを、スパゲッティに絡めて食べる。
スパゲッティは、直径1.9ミリという標準の太さのもの。カッペリーニ、フェデリーニ、スパゲッティーニ、スパゲッティ……と、本来は太さ（直径）の差によって厳密に名称が分かれているが、実際はメーカーによって太さも名称もまちまちのようだ。直径1.9ミリというとかなり太い感じで、昔懐かしい感じがする。

カレー香辛料

さまざまなスパイスを原型のまま取り寄せ、あるものは原型のまま、あるものは自分で粉に挽いて、それらを自在に組み合わせて自分だけのカレー味をつくるのが正しいカレーのつくりかただが、いまはそんな凝ったことはやらなくなった。私の調味方法は、何種類も買ってある市販のカレー粉（すでに各種スパイスがミックスされたもの）を、そのときの気分でそれぞれ適当な量だけ振りかけるだけ。ただ、クミン、コリアンダー、カーダモンは単体の粉末が常備してあるので、最後にアクセントとして付け加える。

キーマカレーという呼び名もすでに馴染みの挽肉カレー。イタリア式の「ミートソース」に「カレー香辛料」を混ぜれば、そのまま「ミートカレー」になるという計算だ。

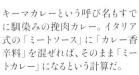

ミートソース、挽肉のカレー、野菜のカレー

これは野菜だけの、ヴィーガンスタイルのベジタリアンカレー。
動物性の材料は肉もスープもギー（精製バター）も使っていない。
味のベースはソフリットとキノコが担当。あえてトマトは使わず全体を黄色に仕上げたが、
トマトを使わないために酸味が足りないと感じた場合は
タマリンド（マメ科の果実のペースト）を加えるとよい。
ライスはインドの長粒米バスマティーを湯取りしたもの（パスタを茹でるときと同じように、
塩を入れた熱湯に投入して5～7分で引き上げる）。
右下に添えたのはチャパティ（ロティ）というインド式のパン。
アタと呼ばれるインドの全粒粉を水で溶き、平たく伸ばしてフライパンで空焼きしたもの。
アタさえ買っておけば簡単にできて、素朴だがしみじみ美味しい。

キッチンガーデンで見事なレタスを収穫した。
今夜はこれでサラダをつくろう。

第5章　食卓にはいつもサラダを

サラダの考えかた

夕食のとき、食卓にサラダがないと落ち着かない。

肉や魚のほかに野菜の料理が一皿か二皿あっても、そのほかにサラダがないと、満足できない……というか、なんとなく不安になる。だから余分だろうと思っても毎回サラダをつくってしまうのだが、またその量が多いので、妻はいつも呆れている。

このあいだ、キュウリとレタスだけでサラダをつくったとき、どのくらいの重さがあるか計ってみたら、野菜だけで300グラムを超えていた。これがふつうの量である。そのうちの半分を最初に私が食べ、残り半分を妻と妹が食べる。3人が食べ終わってもまだ少し残っている場合は、もちろんその残りは私が平らげる。

私のサラダのつくりかたはこうである。

レタス類やチコリなどの葉っぱがあれば、手で裂くか千切るかしてボウルに入れ、キュウリ、トマト、ウド、といった生で食べられる野菜があれば適当な大きさに切ってそれに加え、上からオリーブオイルをかけまわして、好みの酢を適当に垂らし、最後に塩を振って、全体を手で搔き回してよく混ぜる。

サラダをつくるのは、ほかの料理を全部つくり終わってからである。サラダに塩を振ってから長いあいだ放置しておくと、青菜から水分が出てベチャッとなってしまうからだ。私はそれを極端に恐れているので、塩を振るのは最後の最後にする。

サラダをつくる一連の作業がいっぺんにできる場合はこれでよいが、実際には、温かい料理ができていれば温かいうちに食卓に出したいから、ほかの料理を全部つくり終わってからゆっくりサラダに取りかかる……という時間の余裕はない。

だから、サラダづくりは2段階に分かれ、ボウルに入れた野菜にオイルと酢をかけて手で搔き混ぜる段階までは、早めに済ませておく。そして、いったん油のついた手を洗ってからまた進行中の作業に戻り、全部の料理が出来上がった後に、ボウルの中の野菜に塩を振って、もう一度全体を手でよく混ぜるのだ。で、そのまま野菜を手で持ち上げて用意しておいたガラス器に移し、再び油まみれになってしまった手をきれいに洗ってから食卓に向かう。料理の途中で二度も手を洗うのは面倒だが、作業に時間差ができる場合はしかたがない。塩は最後の最後に振る、という決まりを守るためには……。

自分でも、そこまで神経質になる必要はないと思うのだが、この癖だけはなかなか直らない。

なにも毎回手で混ぜなくても、と言われればその通りなのだが、サラダをドレッシングで和えるということは、葉っぱにドレスを着せてあげる、ということなのだ。油と酢と塩が一体となったドレスで一枚一枚の葉を装うためには、手と指を使って優しく……あれ、こんなふうに説明すると、なんだかマニアックな変態男みたいな気がしてきた。

私がサラダに特別な思い入れを抱くのは、やはり若い頃のフランス体験が影響しているのだろう。

フランス人は毎日のようにステーキとフリット（フレンチフライ）を食べるが、肉とジャガイモを食べた後に、かならず青菜のサラダを食べる。青菜はいわゆるサラダ菜で、軟らかい葉で滑らかな食感のフランスのレタス品種。これをシンプルなフレンチドレッシング（酢と油にマスタードを少し加える）で和えて食べる。

トマトやニンジンやその他の野菜もサラダにするが、それらは前菜として食べることはあっても、メインディッシュの後に食べることはない。肉料理の後に食べるのは、青菜のサラダと決まっている。家庭では、あるいは安いビストロでも、肉料理を食べ終わる頃にサラダボウルいっぱいの青菜が運ばれてくるので、肉を食べ終わった後の皿をパンできれいに拭ってから、その皿に青菜をたっぷり取って、ムシャムシャと食べるのだ。

肉を食べたら、それだけの青菜を食べなければいけない。

つけ添えのジャガイモを食べた後に、さらにサラダをたくさん食べる。

そして、ワインを飲む。

食事のときにかならずワインを飲むのは、肉類の酸性をワインのアルカリ性で中和するためだと言われ、ワインを飲むのは野菜を食べるのと同じ意味なのだ、とも教わった。

そう考えると、私が毎日ワインなしでは食事ができないのも、青菜のサラダがないと不安になるのも、知らず知らずのうちにフランスで身についた健康観（?）のせいかもしれない。

フランス語で、サラダを和えるドレッシングを「ヴィネグレット vinaigrette」と言う。ドレッシングはソースの一種だから正しくは「ソース・ヴィネグレット」となるところだが、みんな「ヴィネグレット」と略して呼んでいる。

ヴィネグレットは、「酢」を意味する「ヴィネーグル vinaigre」に指小辞（ししょうじ）（小さい、可愛（かわい）い、ちょっとした、といったニュアンスを加える接尾辞）の「-ette」をつけた語だから、ちょっと酸っぱいソース、無理に日本語に移せば「お酢っ子」みたいな感じになるだろう。

材料は、油がなんらかの植物油、酢はワインビネガーまたはレモン、それに塩と、胡椒。多くの料理書にはそう書いてあるが、油は生クリームに代えてもよい、という人もいる。

油と酢の割合は、油3・酢1、とする本がほとんどだ。日本のレシピでは多くが油2・酢1を採用しているのと較べると、油が少し多い。正しくは、油・酢・塩（胡椒）を全部ボウルに入れ、よく攪拌して乳化させて（ドロリとなるまで一体化して）から使う、と書いてあるところは日仏共通だ。手で揉んで二度手を洗えとはどこにも書いてない……。

長ネギとニンジンのサラダ

【材料（4人分）】
長ネギ（なるべく太いもの）……6〜8本
ニンジン（中）……2本
辛子（フレンチマスタード）……適量
オリーブオイル……適量
シェリー酢、白バルサミコ酢……適量
クミンシード……少々
塩……適量

【作り方】
❶長ネギは白い部分を10〜12センチの長さに切り揃え、鍋に入れて水から煮る。中火で20分以上、くたくたに軟らかくなるまで煮たら取り出して水を切り、オリーブオイルにシェリー酢とフレンチマスタードを混ぜたドレッシングで和える。
❷ニンジンは皮を剝いてスライサーで細い繊切りにし、オリーブオイルと白バルサミコ酢のドレッシングで和える。
❸❶の長ネギと❷のニンジンにそれぞれ塩を振り、皿に盛り合わせる。ニンジンの上にクミンシードを散らす。

長ネギとニンジンのサラダ

POIREAU VINAIGRETTE

（ポワロー・ヴィネグレット）

長ネギを茹でて辛子（フレンチマスタード）入りのドレッシングで和えた、
フランス庶民料理定番の前菜。
本来はポワロー（ポロネギ）を使うが、
手に入りにくいので太い長ネギで代用した。
下仁田ネギのような太いネギが手に入ればなおよい。
色気が足りないのでパセリを刻んで散らしたが、
フランスではこういうことはしない。

ニンジンを繊切りにして
ドレッシングで和えただけの、
これもフランス庶民料理定番の前菜。
クミンやキャラウェイなど、
中東風のスパイスで香りを加えることが多い。
ドレッシングには、レモン、カボス、オレンジなど
柑橘類の酢を使うこともある。

CAROTTE RAPÉ

（キャロット・ラペ）

長ネギと
ニンジンのサラダ

フランスでは長ネギは長ネギだけ、
ニンジンはニンジンだけでサラダにするが、
両方を合わせると
味の変化が楽しい前菜になる。
ポワロー・ヴィネグレットでは
上のマスタード・ドレッシングを
長ネギ全体に絡めたが、
ここではソースとして別にかけた。

アボカドとモツァレラのサラダ

【材料（3人分）】
アボカド……1個
モツァレラチーズ……100g
イチジク、リンゴなど季節の果物……適量
オリーブオイル……適量
白バルサミコ酢……適量
醤油……少々
塩……適量

【作り方】

❶アボカドは縦半分に切って種を取り出した後、スプーンで果肉を適当な大きさに掬い出し、白バルサミコ酢をかけて塩とごく少量の醤油で調味しておく。

❷モツァレラチーズは、アボカドの1片とほぼ同じ大きさに切り分ける。

❸イチジク、リンゴなど季節の果物もアボカドやモツァレラチーズと同じくらいの大きさに切り、軽く塩を当てておく。

❹皿に❶のアボカドを載せ、その上に❷のモツァレラチーズを散らしてからオリーブオイルをかけ、いちばん上に❸の果物を彩りよく置いて飾る。

アボカドとモツァレラのサラダ

アボカドは近所のスーパーでいつもよい状態のものを売っているので、
買っておいて熟れ過ぎないうちに食べる。
モツァレラチーズは国産の牛乳を使ったもの。
イタリア産の水牛のモツァレラとは風味が違うが、とくに問題はない。
季節の果物を前菜のサラダに使うと、ちょっとお洒落な感じがしてよろこばれる。

最近わが家で流行っているドレッシングは、オリーブオイルに白バルサミコ酢を垂らしたものだ。割合は目分量……というか、油も酢もボトルから直接野菜の上に垂らすのでそのときの手加減によるのだが、だいたい3対1になっていると思う。

白バルサミコ酢には甘味があり、それが気に入っているのだが、メーカーによって甘さに違いがあるので、甘過ぎると感じた場合にはほんの少しだけふつうのワインビネガーを加えてバランスを取ることにしている。

白バルサミコ酢が流行る前は、中国黒酢に凝っていた。山西省産の、独特の香りがある黒酢で、わざわざ中国から取り寄せたものだ。胡麻油と組み合わせると、アジアンテイストのサラダができる。なお黒酢を使うときは、少し醤油を加えるとよい。オリーブオイルでも、油っこいと感じたらほんの少し醤油を加えると緩和される。

黒バルサミコ酢は、生で食べられる軟らかい葉のホウレンソウや、ルッコラ、クレソンなどの強い味をもった青菜によく似合う。フライパンでカリカリに焼いたベーコンを熱いうちに青菜に混ぜ合わせ、黒バルサミコ酢を振りかけてサラダにする。ベーコンから溶け出した脂もいっしょに加えるが、あまり多い場合は少し控えてオリーブオイルでバランスを取る。塩は、ベーコンの影響を考えて少なめか、まったくナシでもよい。

柑橘類の酢を使っても、美味しいサラダができる。

夏になるとレモンやライムなどの酢が欲しくなるし、ユズやスダチやカボスをいただいたときはもちろんそれを絞ってサラダにかける。

和風の食卓の場合は、柑橘がなければ日本の米酢を使って、わずかに出しの風味を（瓶詰の白だしを使って）加えることもある。

サラダのドレッシングは油と酢と塩の混合物だが、フランス人が「お酢っ子」というくらいだから、いちばん重要な要素は酢で、どんな酢を使うかによって味の印象が変わってくる。

マヨネーズは卵黄のほかに酢と油と塩を含んでいるから、それだけでドレッシングの資格がある。フランス料理で「ロシア風サラダ salade russe」というのは、ジャガイモとニンジンなどを小さな角切りにして、グリーンピースといっしょにマヨネーズで和えたサラダのことだ。私はブロッコリやカリフラワーをサラダにするとき、マヨネーズに少しヨーグルトを加え、味を見てオリーブオイルと白バルサミコ酢で酸と油を調節しながらドレッシングにする。

サラダ（英語 salad／フランス語 salade）という語は、ラテン語の「塩（サル sal）」が語源で、塩をした、塩で味をつけた、という動詞の過去形から「サラダ」という語が生まれたのだという。

そもそも料理で言う「ソース sauce（スペイン語やイタリア語ならサルサ salsa）」も、もともとは同じラテン語の「塩」が語源である。

だとすれば、３つの要素のうちでいちばん大事なのが塩で、その次が酢、ということになるだろうか。油は３番目だから、必要がない場合は省いてもよいかもしれない。

油がなくてもサラダ、と考えれば、日本にはサラダがいっぱいあることがわかる。ホウレンソウの胡麻和え、小松菜のお浸し、ネギとワカメの酢味噌和え……どんどんお馴染みの和えものや酢のものの姿が浮かんでくる。

もちろんそれらに一滴でも油を垂らせば即世界基準のサラダになるし、油を垂らさなくたって、立派なサラダに認定してよいと思う。

それなら、「サラダ」を正しく日本語に訳せば「和えもの」ということになるだろうか。

私はかつて『料理の四面体』（鎌倉書房１９８０年刊）という本の中で、この論法をどんどん拡大していくと、次のような結論に至る、と書いた。

一本のキュウリに塩をつけて食べるとき、キュウリにつける塩はソースであり、塩のついたキュウリはサラダである。同じように、一枚の焼き肉に塩をつけて食べるとき、その塩は焼き肉のソースであり、塩のついた焼き肉（ステーキ）はサラダということになる。つまり、ステーキはサラダなのだ……。

そう書いたら、本が刊行されてからしばらくして、当時フランス料理研究の第一人者とされていたフランス文学の先生からハガキが届いた。

「玉村君、君の新しい本を読んだが、まったくけしからん。あれでは、この世にサラダ以外の料理はなくなってしまうではないか。すべての料理がサラダだなんて、フランス料理を冒瀆（ぼうとく）しておる！」

なんだかんだ言っても、仲良く暮らしているみたいだね。

第6章　ワインは毎日飲むものである

なぜならそれは食事の一部だから

ワインは毎日飲んでいる。

たまにワイナリーのカフェで友人と会食するときなど、昼からグラス1〜2杯のワインを飲むこともあるが、ふだんは夕方になるまで飲まない。

が、午後5時になって夕食の支度のため台所に下りて行くとき、最初の仕事は冷蔵庫を開けてポケットから白ワインを取り出すことだ。この習慣は、いまの家に引っ越して農作業をはじめた30年前から、まったく変わることがない。

午後5時の白ワインは、きょうもしっかり仕事をした、あとはうまいものをつくって食べて寝るだけだ、という、解放の合図なのだ。

料理をつくりながら1杯か2杯。料理ができたら同じグラスを食卓に移してもう1〜2杯。白が途中で赤に変わる日もあるが、だいたいボトルの半分くらい飲むのが毎日の定量だ。

この程度では、酔うことがない。体調によって多少の酔いを感じるときもないではないが、ふつうはただ美味しいと思うだけで、ワインで酔うという感覚はほとんどない。

世界的な温暖化の影響でブドウの糖度が上がり、それに従ってワインのアルコール度数が上がってきた。伝統的にワインのアルコール度は12パーセント前後なのだが、最近の外国産のワインは白でも13パーセントを超えるものが多いし、赤の場合は15パーセントに達するものも珍しくなくなった。

そういうワインを飲むと、あれ、いつもと違って、ちょっと酔いそうだな、と感じることはある。15パーセントといえばほぼ日本酒のレベルだから、日本酒を2合飲んだときのほろ酔いの気分に近くなる。

冷蔵庫から取り出した白ワインが少し強いと感じたときは、冷凍庫から大ぶりの氷を取り出してグラスに入れる。氷は飲んでいるうちに溶けていくが、ワインが薄くなる前に飲み切ってしまうから問題はない。

フランス人が「のどが渇いた」というときは、「ワインを飲みたい」という意味である。水でのどを潤すのと、ワインでのどを潤すことを、区別しない。私が台所仕事の最初にワインを飲むのも、のどの渇きを癒すためだ。そのためには、冷たいほうがよい。

白ワインといってもさまざまな種類があるが、私がふだん飲みに選ぶのは、もちろん値段があまり高くないことは必須条件だが、どちらかというと癖のない、すっきりとして飲みやすいもの。癖のある個性的なワインは敬遠する。のどの渇きを癒すためなら、グイッといっぺんに飲めるものがよいからだ。

ワインは知り合いの輸入業者が送ってくる特売品のリストの中から選んで注文するのだが、値段が安いからといって適当に選んでしまうと、ときどき予測とは違った味のワインに遭遇することがある。

栓を開けた最初のひと口で、あ、これはちょっと、水代わりに飲むにはキツイな……と感じたら、もう1本、飲みなれた軽い味のワインを開けて、ブレンドする。

ワインをブレンドするというと眉を顰（ひそ）める人もいるかもしれないが、それで台無しになるような高級銘柄でも年代物のワインでもないし、他人に強要するわけでもなく、自分がひとりで勝手に飲むのだから、文句を言われる筋合いはないだろう。実際、そのままでは飲みにくいワインが、うまくブレンドするとちょうどよい按配になることが少なくない。ワインは自由に飲めばよいのである。

1日にワインボトル半分、といっても、夕食のときは妻も1杯か2杯飲むことがあるので、実際には3日で2本くらい空く。割り切れないので、1日の終わりにはかならずボトルにワインがある程度残ることになる。

残ったワインは、そのまま冷蔵庫にしまっておく。赤ワインの場合は、たいがい常温の台所に放置しておく。

ワインは栓を開けたらその日のうちに飲み切らなければならない、と思い込んでいる人が多いことに吃驚(びっくり)するが、誰がそんなことを言い出したのだろう。

たしかにボトルに入れたまま置いておけば、ワインの表面と接触する空間と時間が多くなるので、ワインの酸化は少しずつ進む。が、ワインが熟成するのも緩慢な酸化によるものなのだから、放置されたワインは少しずつ「熟成」していくことになる。

高価な年代物の赤ワインなどを開けるとき、食事をはじめる何時間も前に栓を開けて、ボトルから別の容器（デカンタ）に移しておく（デカンタージュする）ことがある。これは飲む前にあらかじめワインを空気に触れさせ、長いあいだ瓶の中に閉じ込められていたワインの香りや味わいが花開くようにするための手順である。

どんなワインでも、栓を開けた直後はどこか硬い、よそよそしい感じがするのに、飲んでいるうちに馴染んだまろやかな感じになってくるもので、この変化は誰にでもすぐ分かる。それは、ワインが空気に触れてわずかに酸化した（ということは「熟成」した）せいなのだ。

私はデカンタージュが必要なほど高級なワインを飲むことはないが、ワインの楽しみは、飲んでいるうちに時間とともに味わいが変化するところにあると思っている。

ワインによっては、翌日になると予想より酸化が進んで味が悪くなるものもあるが、逆に、翌日や翌々日のほうが、最初に開けた日より美味しくなっているワインも少なくない。ざっくりと言えば、という注釈付きだが、栓を開けて1日置いたワインは、ワイン庫で1年か2年寝かせたのと同じ程度熟成する、と考える専門家もいるくらいだ。

そもそも、ワインはひとりで飲む酒ではない。家族や仲間と食卓を囲み、談笑しながら飲むものだ。750ミリリットルという1本の量は、夫婦で飲むにはちょうどよい量だが、気分が乗ったらもう1本開けて、残りを翌日以降に飲む楽しみを取っておこう。

日本酒は、主食と同じコメからつくる。

本来、1年分の食糧としてのコメが今年も収穫できたことを祝い、貴重なコメの一部を使って酒をつくる、というのが、日本酒に限らず東アジアのコメの酒の原型である。だから恵みを与えてくれたカミへの感謝を示すために、できた酒はみんなで飲み尽くし、酔っぱらった姿をカミに見せなければならない。

それに対してワインは、土を掘っても水が出ないような乾いた土地でも育つブドウを使い、野菜に乏しい肉食を補完する飲料として生まれたものである。だからワインは水の代わり、野菜の代わりとして、食事の一部を構成する欠かせない要素となったのだ。

コメを食べながらコメの酒は飲まないので、日本酒は肴(さかな)を友にまず酒だけを飲み、酒が終わってから食事をする(ご飯を食べる)。地中海から広がったワイン文化では、食事のときは小麦でできたパンを食べ、ブドウからつくったワインを飲む。

ワインは日本酒と違って祝祭のための酒ではなく、日常の暮らしの中にある酒だから、もともと酔うための酒ではないし、飲んでも酔っ払ってはいけないのだ。

そしてワインが食事の一部である以上、毎日飲むのが当然である。

……という理由をつけて、私は毎日ワインを飲んでいる。

私は地元のクリニックと、東京の大学病院で定期的に検査をしてもらっている。地元の先生は寛大だが、東京の先生はときどき酒を減らせと言う。でも、食事のときにワインを飲むのは私のライフスタイルだから、死ぬまでグラスを手放すつもりはない。

白が8割、赤が2割、くらいの割合だが、何を食べるときでもワインである。料理に合うか合わないかは気にしない。赤ワインしかできない産地では魚を食べるときも赤を飲み、白ワインしかできない産地では肉を食べるときも白を飲む。それが本来の習慣だ。食事に合わせてワインを選ぶというのは、すでにワインが「日常」の酒ではなく、「祝祭」の酒になっている証拠である。

おわりに　家庭料理人の休日

コロナ禍でステイホームをするようになってから、ほぼ毎日、家で夕食をつくっている。もともと料理は私の担当だから、夕方になると台所に下りて行くのは身についた習慣で、まず冷蔵庫を開けて白ワインを取り出し、一杯飲みながら材料を見て今夜のレシピを考える、それが至福の時間であることはコロナ以前から変わりない。

が、さすがに一日の休みもなく……となると、歳のせいもあって疲れてくる。プロの料理人じゃないから休暇はナシ、と言われればそれまでだが、どこの家庭の主婦だって、ときには休みが欲しくなるだろう。

以前は仕事で東京へ出張したり、夜まで外出したりする日がときどきあり、それが家庭料理人の休暇になっていたのだが、コロナ以降、そういう機会がなくなった。

長野県は東京や大阪ほど逼迫（ひっぱく）した事態には至らなかったが、そば、うなぎ、焼き肉……近所の店で外食をする回数も、やはり極端に少なくなった。クルマに乗って町に出ること自体を、自粛する気分になっていたからだ。

ステイホームといっても、私は環境に恵まれている。散歩をしようと思えばブドウ畑でも雑木林でも、人と会わずにマスクなしで歩けるし（クマに出合うリスクはあるが）、それに、なんといっても自宅の敷地の中にレストランがあるのが最高だ。

自宅の玄関からワイナリーのカフェまでは、歩いて１００歩。

最近は店に出て接客をすることはないが、ときどき、私と妻と妹の３人で、

「家の近くに美味しい店があってラッキーだね」

と言いながら、客として食事をすることがある。料金を負けてもくれないし、量を増やしてもくれないが、こういうご時世に「外出せずに外食する」ことができるのは、なによりもありがたいことである。

私たちの「最後の晩餐」は、いつになるだろうか。

まだ、まだまだ……当分は無事に毎日「最後の晩餐」がやってくる気配だが、いつかは私が料理をつくれなくなる日を迎え、妻と妹にも食べたことを忘れる日がやってくるだろう。

きょうはサパーを予約したので、家庭料理人の仕事は休日だ。でも、カフェのテラスで、ワインを飲みながら、やっぱり明日のメニューを考えている。

２０２１年　晩秋
ヴィラデストカフェのテラスにて

イラスト　玉村豊男
撮　影　世良武史（カバー、表紙、巻頭グラビア、本扉、章扉対向）
デザイン　高橋　潤（カバー&本文）
校　正　藤田晋也
編　集　矢島美奈子（天夢人）

まだ毎日が最後の晩餐

玉村流レシピ＆エッセイ2

二〇二一年一二月二五日　初版第一刷発行

著　者　玉村豊男
発行人　勝峰富雄
発　行　株式会社天夢人
〒一〇一-〇〇五四　東京都千代田区神田錦町三丁目一番地
https://temjin-g.com/
発　売　株式会社山と溪谷社
〒一〇一-〇〇五一　東京都千代田区神田神保町一丁目一〇五番地
印刷・製本　大日本印刷株式会社

◉内容に関するお問合せ先
天夢人　電話〇三-六四一三-八七五五
◉乱丁・落丁のお問合せ先
山と溪谷社自動応答サービス　電話〇三-六八三七-五〇一八
受付時間一〇時-一二時、一三時-一七時三〇分（土日、祝日を除く）
◉書店・取次様からのご注文先
山と溪谷社受注センター　電話〇四八-四五八-三四五五　FAX〇四八-四二一-〇五一三
◉書店・取次様からのご注文以外のお問合せ先
eigyo@yamakei.co.jp

●定価はカバーに表示してあります。

Printed in Japan
ISBN978-4-635-82318-0

天夢人の玉村豊男の本

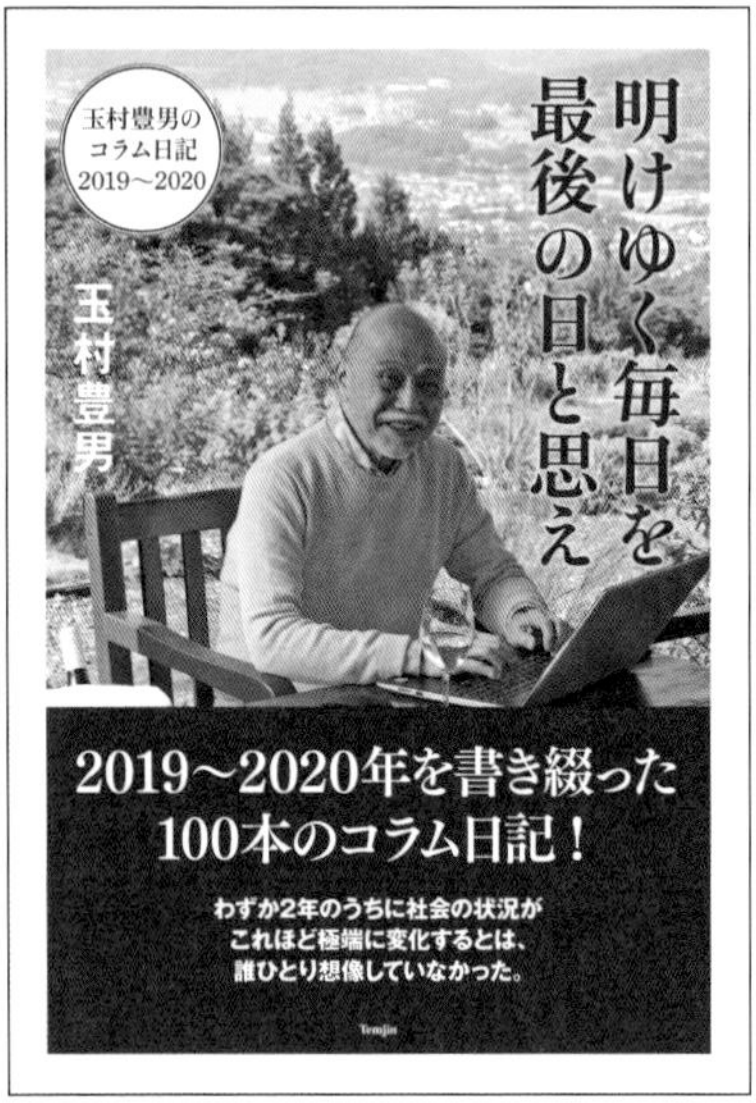

明けゆく毎日を最後の日と思え

玉村豊男のコラム日記 2019 ～ 2020

玉村豊男氏は、もともとは短いコラムを書くことから物書きのキャリアをスタートさせた。字数や行数が決められた枠の中に、起承転結を収めるコラムを得意としている。改元騒ぎで幕を開けた2019年から、新型コロナウイルスに襲来された2020年。そんな激動の2年間における日常を書き綴った、100本のエッセイをコラム日記に仕立てた。

A5判／200頁／定価1,760円（税込）

毎日が最後の晩餐

玉村流レシピ & エッセイ

エッセイスト・画家・農園主・ワイナリーオーナーなど、いくつもの顔を持つ玉村豊男氏は、美食家としても知られている。夫人のリクエストに応えて毎日のレシピを書き遺した本書は、玉村氏が50年間つくり続けてきた数多くの料理の中から、簡単で美味しいレシピだけを集めたグルメエッセイ。シリーズ第1弾は版を重ねて、大好評発売中！

A5判／192頁／定価1,980円（税込）